AF131515

LA SÉCURITÉ SOCIALE
AU CŒUR DE LA DÉMOCRATIE

2ème édition

© 2020 Daniel, Jean-Pierre ; Oyarbide, Christian
Édition : BoD - Books on Demand,
12/14 rond-point des Champs-Élysées, 75008 Paris
Impression : BoD - Books on Demand, Norderstedt, Allemagne

ISBN : 978-2-3222-4321-1

Dépôt légal : septembre 2020

LA SÉCURITÉ SOCIALE AU CŒUR DE LA DÉMOCRATIE

SOUS LA DIRECTION DU CERCLE VIVIENNE

2ème édition

CHRISTIAN OYARBIDE - JEAN-PIERRE DANIEL

PUBLICATIONS DU CERCLE VIVIENNE

Pourquoi ce livre ?

Depuis plus de cinq ans, le Cercle Vivienne a développé une éthique du débat, fondée sur la liberté de ton, la sincérité et la convivialité.

Sont intervenus des acteurs majeurs de la protection sociale complémentaire, issus de toutes les familles de l'assurance, autour de petits déjeuners et de dîners qui ont réuni plusieurs centaines de participants.

À chaque manifestation, nous sommes surpris du plaisir des participants (intervenants ou auditeurs) à se retrouver dans un contexte « différent ».

Il est vrai que les lieux de débats, « sans langue de bois », francs mais bienveillants, sont rares dans notre secteur.

Stimulés par ces échanges, les membres du Cercle ont produit, en 2017, collectivement, un ouvrage : Système de santé : aux grands mots les grands remèdes *qui propose des scénarios possibles d'évolution de notre système de santé (voir couverture en annexe).*

Avec ce nouvel ouvrage, nous invitons le lecteur à « retravailler » ce qui constitue l'un des piliers de la démocratie « à la française » : notre système de protection sociale.

Des successions de réformes, prétendument techniques, sont venues, selon nous, remettre en cause, par petites touches et sans discussion sur le fond, les principes même de ce système, hérités de l'immédiat après-guerre (voir en annexe la déclaration de Pierre Laroque du 23 mars 1945 qui a guidé les ordonnances de création de la sécurité sociale).

Fidèle à sa vocation, le Cercle Vivienne souhaite ouvrir le débat sur l'avenir de la démocratie sociale « à la française » au travers de cet ouvrage à voix multiples.

C'est précisément la nécessité d'une multiplicité de points de vue qui a guidé ce livre : toutes les contributions, tous les articles sont signés et nous remercions vivement tous les acteurs sollicités qui se sont prêtés au jeu.

Ont participé à ce livre

Comité de rédaction :

Michel Charton : cofondateur du Cercle Vivienne
Jean-Pierre Daniel : rédacteur
Jean Mombazet : cofondateur du Cercle Vivienne
Christian Oyarbide : cofondateur du Cercle Vivienne
Jean Sammut : cofondateur du Cercle Vivienne

Rédacteurs :

Christian Oyarbide
Jean-Pierre Daniel

Points de vue rétrospectifs :

Gaby Bonnand
Etienne Caniard
Gilles Johanet
Jean-Claude Mallet
Jacques Nozach
Jean Sammut
Guy Vallancien

Contributions des acteurs d'aujourd'hui :

Quentin Bériot
Arnaud Chneiweiss
Bruno Gabellieri
Pierre François
Stéphane Junique
Philippe Mixe
André Renaudin
Jean Sammut
Djamel Souami
Jean-François Tripodi

Introduction

La Sécurité sociale
au cœur des tensions

Une institution aussi symbolique – élément clé de la solidarité nationale – omniprésente dans la vie quotidienne des Français – la Sécurité sociale traite un peu plus d'un milliard de feuilles de soins chaque année – est par nature au cœur de tensions philosophiques, politiques et économiques.

Nous avons volontairement réduit le champ de cet ouvrage au pilier « assurance maladie » de notre protection sociale. Nous pensons cependant que ces « tensions » valent pour une large part pour les autres piliers, notamment pour le pilier retraite. Elles prendront encore plus de force si le pilier « Perte d'autonomie » se met en place.

Ces tensions sont inhérentes à tout système qui se veut global et qui touche à des « fonctions sociales » aussi essentielles que l'accès à la santé. Les réponses apportées diffèrent, évidemment, selon les pays et selon les périodes.

Petit survol de quelques-unes de ces tensions :

Tension entre une vision assurancielle et une vision « sanitaire ».

Protection, via l'assurance, contre les conséquences du risque de maladie ou organisation de l'accès au système de soins pour tous.

Tension entre une approche comptable et une conception sociale.

Vertu de l'équilibre budgétaire sous contrainte de limitation des prélèvements ou principe solidaire : « On cotise selon ses moyens et on bénéficie selon ses besoins. »

Tension entre solidarités et réparations.

Légitimation du système par la reconnaissance de droits collectifs à la santé ou bien de droits à la réparation des « accidents de santé ».

Tension entre l'État et les acteurs de marché.

L'État et ses agences seuls en charge de la protection de la santé ou bien responsabilité collective des acteurs économiques.

Tension entre démocratie politique et démocratie sociale.

La représentation démocratique définit les droits sociaux et organise leur effectivité ou laisse au marché la charge de cette organisation.

Tension entre libertés individuelles et collectives.

À la source des droits, les besoins individuels ou les solidarités collectives.

Tension entre une approche universaliste et une vision communautariste.

Des droits identiques pour tous ou des droits définis par groupes, communautés…

Ce survol, nécessairement lapidaire et incomplet, permet de situer l'ambition et les limites de cet ouvrage.

L'ambition : démontrer que la vision de Pierre Laroque, pour qui la démocratie sociale est une condition de la démocratie tout court, est d'une criante actualité ; rappeler la nécessité du débat autour de son avenir.

Les limites : espérer trancher ce débat au travers d'un ouvrage n'est ni possible ni souhaitable, tant ces questions fondent le « vivre ensemble » républicain.

Ce ne serait, de toute façon, pas l'objet du Cercle Vivienne qui est de donner matière à questionner.

Nous avons donc choisi de vous proposer des points de vue multiples.

- Point de vue historique : le projet de « sécurité sociale » de 1945 est le produit de débats antérieurs, d'un moment (la Libération), et n'a jamais été achevé.

- Points de vue rétrospectifs d'acteurs de cette histoire qui sont les témoins de cet inachèvement et des questionnements actuels.

- Points de vue de l'étranger : le modèle français de prise en charge des frais de santé est très loin d'être universel, non seulement dans son organisation mais également dans ses principes.

- Point de vue d'acteurs actuels des complémentaires santé sur leur rôle face à la place grandissante de l'État dans la définition de l'objet même de leur « métier ».

- Point de vue « d'avenirs » proposant des scénarios d'évolution des fondements de notre protection sociale assis sur les tensions d'aujourd'hui.

Précisons enfin que le Cercle Vivienne n'a pas commenté ces points de vue : tout d'abord parce que sa propre diversité exclut la possibilité d'un rebond univoque, mais également parce que son objectif est de permettre à chaque lecteur d'enrichir – nous l'espérons – son propre point de vue. Ou, à tout le moins, de le questionner.

Pour le Cercle Vivienne, le Comité de rédaction.

Vues de l'Histoire

(Jean-Pierre Daniel)

Un régime de sécurité sociale, aussi complexe que le système français, est le produit d'une longue histoire dont le discours de Pierre Laroque du 23 mars 1945 marque une étape décisive. Ce texte représente à la fois l'aboutissement de réflexions anciennes et les fondements du système que nous connaissons encore aujourd'hui, 75 ans après.

Pendant cette longue période se sont succédées des situations économiques et politiques très différentes : Reconstruction, Trente Glorieuses, crise pétrolière et récessions, alternances droite/gauche et mouvements sociaux parfois violents. Pour répondre à ces changements de situations, la Sécurité sociale a fait l'objet de nombreuses réformes qui ne sont jamais parvenues à guérir les maux dont elle souffrait et souffre toujours (universalité limitée, équilibres financiers contestés, cloisonnements des acteurs…). Dans les pages qui suivent, Jean-Pierre Daniel s'est essayé à résumer ces évolutions et ces réformes, en espérant que la connaissance du passé contribue à éclairer la situation actuelle, voire à anticiper les évolutions futures.

L'ABOUTISSEMENT D'UNE HISTOIRE

La Sécurité sociale n'est pas sortie des eaux *ex nihilo* en 1945. Le discours fondateur de Pierre Laroque représente l'aboutissement et la conceptualisation d'une évolution des pensées et des institutions qui trouve son origine à l'époque des Lumières. En France, à la fin du XVIIIe siècle, alors que s'amorcent les prémisses de la révolution industrielle, naît l'idée que l'État a un rôle à jouer dans la défense du plus faible. La Déclaration des droits de l'homme et du citoyen préambule de la Constitution de 1793 affirme que « la société doit la subsistance au citoyen malheureux ». À l'époque, cette déclaration de principe eut pour seule conséquence de réduire le rôle de l'Église dans l'administration des secours aux pauvres. Peu de temps auparavant, la loi Le Chapelier du 17 juin 1791 édictait : « C'est aux conventions libres d'individu à individu de fixer la journée de travail, à l'ouvrier de maintenir la convention avec celui qui l'occupe. » Cette loi interdit les associations ouvrières et détruit les systèmes d'entraide professionnelle qu'elles avaient bâties. La première moitié du XIXe siècle, en dépit des mouvements utopistes et notamment fouriéristes, est restée sur l'axiome libéral de l'égalité de pouvoir entre le patron qui possède la machine et l'ouvrier qui loue la force de ses bras. Pour les hommes des Lumières qui ont fait la Révolution, c'est la propriété individuelle qui doit assurer à chaque citoyen une protection lors des aléas de l'existence. En France, mais aussi en Europe, c'est la décennie révolutionnaire des années 1840/1850 qui va remettre en cause cette fausse égalité et permettre la naissance des premières assurances sociales. Celles-ci visent à rétablir l'équilibre entre ouvriers et patrons et à permettre à l'ouvrier de subsister quand lui manque la force de ses bras. Lorsque les politiques de gauche prennent conscience que la répartition à tous de la propriété individuelle n'aura pas lieu, ils s'efforcent de trouver un moyen de subvenir aux besoins de l'ouvrier et de sa famille en cas de maladie, de chômage ou de retraite.

L'ÉCHEC DES MUTUELLES

À côté de la charité et de l'assistance, qui restaient encore largement entre les mains de l'Église, apparaissent alors en France les premières sociétés de secours mutuel qui doivent réconcilier, dans l'esprit hérité des Lumières, la sécurité et la liberté. Les mutualistes sont libres d'adhérer et de contribuer financièrement à la sécurité partagée. Pour nombre de penseurs de l'époque, la mutualité est parée de toutes les vertus puisqu'elle protège l'individu et sa liberté tout en permettant de compenser les pertes dues aux accidents de la vie. L'État ne doit pas intervenir dans la gestion des mutuelles, mais seulement adopter une neutralité bienveillante de nature à favoriser leur développement. Le sociétaire ne doit pas être contraint car il doit adhérer librement à la mutuelle. Néanmoins, l'État se méfie des sociétés de secours mutuel comme il se méfie des sociétés anonymes. Une loi de 1834 viendra les encadrer mais en même temps les reconnaître. Malgré cette reconnaissance, les mutuelles peinent à remplir les missions que leurs promoteurs leur ont assignées et ne parviennent pas à assurer une vraie protection sociale. Le Second Empire crée le statut de « société de secours mutuel approuvée » en favorisant le développement d'une mutualité territoriale, axée sur le canton, où les notables ont toute leur place et sur laquelle veillent les préfets. Le nombre des sociétaires progresse, de moins de 300 000 au début du Second Empire aux deux millions au tournant du siècle, ce qui représente un pourcentage important des salariés de l'époque. Les indemnisations versées sont très faibles et les mutuelles ne font pas face aux besoins qu'elles sont censées couvrir qui concernent d'abord les conséquences de l'arrêt de travail. Les forces syndicales sont en général hostiles aux mutuelles approuvées et continuent à faire vivre des mutuelles professionnelles dans les bassins industriels qui se constituent dans la seconde moitié du siècle. La population des mutualistes évolue, la proportion d'ouvriers diminue, et en 1904 l'Internationale socialiste préconise l'instauration d'un système d'assurance obligatoire pour les remplacer. Ce vœu sera exaucé en 1910.

DES TÂTONNEMENTS À LA CHARNIÈRE DU SIÈCLE

Les premières caisses de retraite naissent d'initiatives privées. Elles sont créées dès 1868 par le patronat des mines et des chemins de fer et se développent rapidement. Elles sont environ deux cents à la fin du siècle, mais elles sont de faible dimension, ce qui nuit à leur efficacité. En outre, leur origine patronale provoque la suspicion des travailleurs. Il faut attendre la loi Waldeck-Rousseau en 1884 et la reconnaissance des syndicats pour que naissent les sociétés mutuelles d'assistance qui permettent aux salariés de se protéger contre le risque de chômage. En 1898, leur champ d'action est étendu aux risques d'accident, de vieillesse et de décès. Le développement de ces sociétés est rapide car elles sont encouragées et subventionnées par les municipalités. En 1905, l'État se substitue aux communes dans leur financement et reconnaît ainsi pour la première fois la notion de risque social. Peu de temps auparavant, en cette période de reconnaissance d'une classe ouvrière, d'un prolétariat (même si le mot fait peur), la loi de 1898 fait peser sur l'employeur une responsabilité sans faute en cas d'accident du travail. L'assurance des entreprises contre les accidents du travail se met en place et deviendra obligatoire en 1905. Elle est à l'époque confiée aux sociétés d'assurances privées.

En 1910, l'État – soucieux de mettre de l'ordre dans le maquis des caisses de retraites qui avaient proliféré à la fin du siècle – crée les retraites ouvrières et paysannes. Gérées en capitalisation et financées par une double cotisation du salarié et de l'employeur, elles réunissent au sommet de leur activité 2,5 millions de personnes, soit une part significative de la population salariée de l'époque. Ce double mode de financement atteste pour la première fois de l'existence d'une responsabilité de l'employeur au-delà de la seule vie de travail de son ouvrier.

L'EXEMPLE DE L'ÉTRANGER

Simultanément chez nos voisins, cette période charnière du XIXᵉ au XXᵉ siècle donne lieu à des avancées similaires. En Allemagne, Bismarck, soucieux d'endiguer la montée des mouvements socialistes, met en place un système d'assistance aux plus pauvres où l'on peut voir l'embryon d'un État-providence. La couverture du risque maladie est réalisée en 1883 et l'année suivante ce sont les accidents du travail qui sont assurés. En 1889, le processus s'achève avec la mise en place d'une assurance invalidité et vieillesse. La Grande-Bretagne connaît une évolution similaire. En 1897, une protection contre les accidents du travail est créée, en 1908 une pension de vieillesse et en 1911 une assurance contre la maladie et le chômage sont installées.

En France, comme chez nos proches voisins, le XXe siècle s'ouvre alors que l'assistance a fait place à des formes d'assurances profession-nelles et que la prévoyance individuelle a été remplacée par des systèmes collectifs. Ces mé-canismes sont encore facultatifs. Ils sont loin de couvrir l'ensemble des populations auxquelles ils pourraient potentiellement s'adresser, mais ils sont suffisamment présents pour que l'État se doive d'intervenir. Trois grandes lois vont préparer la société française à l'évolution majeure qui in-terviendra après la seconde guerre mondiale.

LES LOIS D'OBLIGATION

La loi de 1910 sur les retraites ouvrières et pay-sannes (que l'on a déjà évoquée) est la première de ces lois qui obéissent à une « logique d'obligation ». L'État, qui jusqu'alors s'était limité à son rôle de régulateur, va plus loin et impose à l'employeur la prise en charge du risque de survie de son ancien ouvrier. À cette date, seuls les fonctionnaires, les cheminots et les mineurs bénéficiaient obligatoirement d'un régime de retraite. Lors des débats – longs et houleux – qui précédèrent l'adoption de la loi, la pierre d'achoppement fut le caractère obligatoire du système proposé. Nombreux sont les politiques qui, se référant à l'individualisme révolutionnaire et à la protection que donnerait la propriété privée, seraient partisans d'un système facultatif, ce qui aurait vidé le mécanisme de toute utilité. Néanmoins, l'Histoire donnera raison à ses opposants puisque les retraites ouvrières et paysannes n'occuperont jamais la place centrale que leur assignaient leurs promoteurs. Dès la fin de la Grande Guerre, le nombre des cotisants va diminuer et la modicité des pensions versées ne va pas contribuer au succès du système.

La loi sur les assurances sociales de 1928 va naître dans un contexte plus favorable. La période d'après-guerre est très sensible aux préoccupations de santé publique et au déclin de la natalité, conséquence de la diminution de la population masculine. S'y ajoute le retour au bercail des Alsaciens-Lorrains qui bénéficient déjà des avancées mises en place par Bismarck. Il y a bien encore à la Chambre des résistances sur le caractère obligatoire du futur régime, mais elles cèdent devant le poids d'un État qui a démontré pendant la guerre sa capacité à organiser la société et la vie économique. Cette loi de 1928 institue un régime obligatoire de prévoyance couvrant la maladie, l'invalidité et la maternité. Elle se heurtera à une vive opposition et ne sera jamais vraiment appliquée.

En 1932, la dernière de ces lois portant obligation est adoptée et remplace celle de 1928 : elle concerne tous les salariés jusqu'à un certain plafond de salaire et outre les risques de maladie, maternité, invalidité et décès, elle introduit l'amorce d'un mécanisme d'allocations familiales. Selon les options politiques des députés, les motivations seront diverses. Souci nataliste et souhait de maintenir la femme au foyer chez les catholiques, moyen de limiter les hausses de salaires dans les milieux patronaux, et hostilité des syndicats ouvriers qui considèrent que c'est à l'État de prendre en charge l'enfance comme il devrait prendre en charge « les vieillards, les malades et les infirmes », pour reprendre la formule qui était celle de Louis Blanc au siècle précédent.

Ces prestations sont effectuées par des caisses primaires départementales qui peuvent être créées à l'initiative des sociétés de secours mutuel, des organisations syndicales ou patronales ou encore agricoles. Ces caisses peuvent développer des œuvres sociales et ce sera le début de la création de dispensaires et de cliniques par les sociétés de secours mutuel. Cette loi de 1932 qui a donné lieu, avant et après son adoption, à de vifs débats, sera retouchée en 1935. Cependant, on peut considérer qu'à cette date en France un système de protection sociale assez complet et sophistiqué est désormais en place.

LE FRONT POPULAIRE ET VICHY

Dans la droite ligne de ces évolutions législatives, la période du Front Populaire, et notamment l'accord de Matignon du 7 juin 1936, consacre la légitimité de l'État à intervenir dans l'univers du travail salarié. La relation entre l'ouvrier et son employeur ne relève pas que de la sphère privée. L'État doit intervenir pour que l'évolution de l'économie contribue à une meilleure cohésion sociale. Même les libéraux de l'époque ne croient plus que les seules lois du marché suffisent à garantir l'harmonie sociale. Sur le plan conceptuel de la théorie économique, ce nouveau rôle de l'État trouve sa légitimité dans l'œuvre de Keynes qui a publié en 1936 *La théorie générale de l'emploi, de l'intérêt et de la monnaie*. Le régime de Vichy, qui va succéder à cette période fertile en avancées sociales, n'abolit pas ces conquêtes de l'entre-deux guerres. À partir d'une idéologie opposée à la philosophie socialiste de la période précédente, il va maintenir en place le cadre législatif qui vient d'être établi et il crée de nouvelles subventions qui, elles, s'inscriront dans la logique de la Révolution Nationale. La prime au premier enfant, le supplément familial des fonctionnaires, l'allocation de la mère au foyer, autant de mesures qui visent à maintenir la femme dans son rôle de mère au foyer. L'allocation aux vieux travailleurs créé à la même époque renvoie à la pratique de l'assistance, quand l'aide accordée aux mutuelles répond à la volonté d'encadrer les individus dans des structures qui les dépassent. Ces mutuelles seront contrôlées par l'Institut national d'action sanitaire et sociale où beaucoup se compromettront avec l'administration de Vichy. Quand il s'agira de mettre en place un régime de sécurité sociale, la Mutualité sera inaudible du fait de sa compromission avec le régime antérieur, mais aussi parce que ses dirigeants se positionneront en défenseurs de leurs institutions, à l'inverse de l'ambition de justice portée par le Conseil National de la Résistance.

LA LIBÉRATION ET LA CONSTITUTION DE 1946

La période de la Libération se caractérise par une unanimité des élites politiques issues de la Résistance sur la nécessité d'instaurer un nouvel ordre social. Ce consensus s'exprime dans le programme du Conseil National de la Résistance. Il s'agit de revenir à la démocratie politique, mais aussi d'instaurer une sécurité sociale – sans majuscules – faite de solidarité et de justice dont bénéficiera l'ensemble de la population. Il s'agit de lutter contre l'insécurité sociale. En observant l'échec de l'individualisme libéral et faisant preuve de méfiance à l'égard de l'utopie marxiste, les rédacteurs de la Constitution de 1946 écrivent dans son préambule : « La Nation garantit à tous (…) la protection de la santé, la sécurité matérielle, le repos et les loisirs. Tout être humain qui, en raison de son âge, de son état physique ou mental, de la situation économique, se trouve dans l'incapacité de travailler a le droit d'obtenir de la collectivité des moyens convenables d'existence. » On trouve là les principes qui servent de trame au fameux discours de Pierre Laroque, dans lequel il définit ce que doit être cette « sécurité sociale » qu'il porte alors sur les fonts baptismaux. La « sécurité sociale » est aussi bien celle de la société en elle-même que de l'individu dans la société. C'est par l'action de tous que la sécurité de chaque membre de la collectivité est réalisée. Et c'est à l'État, dont le rôle est prééminent, qu'il revient de mettre en œuvre cette protection pour tous.

POUR UNE SÉCURITÉ SOCIALE GLOBALE

Pierre Laroque, qui dès 1930 a travaillé au Conseil National des Assurances Sociales, est un spécialiste mais aussi et surtout un novateur. Sa conception de la sécurité sociale comme élément constitutif de la démocratie l'amène à une vision globale qui repose sur trois piliers. La politique économique doit viser le plein emploi. La politique de prévention des accidents du travail doit améliorer le sort des ouvriers. Le libre jeu des acteurs du marché doit être corrigé afin de permettre une redistribution des richesses produites. La Sécurité sociale de Pierre Laroque va bien au-delà d'un simple mécanisme assuranciel. Il s'agit d'obtenir l'adhésion de la population pour mettre en place :

- Une conception globale de la sécurité sociale qui suppose une politique économique d'éradication du chômage.
- Une protection qui s'étend à l'ensemble de la population et qui concerne, au-delà de la maladie, tous les aléas de l'existence.

- Un financement par des contributions payées par tous et une participation des syndicats à la gestion du régime.

L'ÉLAN INITIAL

L'ordonnance du 19 octobre 1945 institue une « organisation de la sécurité sociale » chargée d'assurer la protection des travailleurs contre les risques de toute nature. Peu de temps après, la loi du 22 mai 1946 prévoit l'assujettissement à la Sécurité sociale de tout Français résidant sur le territoire. Dans les mois qui suivent, les allocations familiales sont étendues à la quasi-totalité des ménages comme l'assurance vieillesse qui concerne toute la population active. Le vœu de Pierre Laroque, qui souhaite un régime applicable à tous, est ainsi exaucé.

Ces textes organisent un régime général qui repose sur des caisses régionales organisées par risques, sécurité sociale, allocations familiales et vieillesse : Caisses primaires, régionales et nationale. Conformément aux principes de démocratie sociale issus du programme du CNR, ces caisses sont administrées par des représentants des usagers : employés et patrons, avec toutefois le garde-fou d'une tutelle de l'État.

Si l'ordonnance de 1945 souhaitait concerner l'ensemble des travailleurs, elle avait admis la survivance à titre provisoire des régimes spéciaux, dont bénéficiaient dès avant la guerre certaines professions, les cheminots et les mineurs notamment. Elle prévoyait aussi le maintien de la spécificité d'une protection sociale pour l'agriculture, sans prévoir dans ce cas une intégration future au régime général.

DES EXTENSIONS MALGRÉ LES CORPORATISMES

Dès l'immédiat après-guerre, l'élan politique (et presque philosophique) qui venait de la Résistance est stoppé par l'hostilité des classes moyennes et des partis politiques de droite. La perspective de la mise en place d'un seul régime de sécurité sociale applicable à tous est abandonnée et, en 1948, le maintien de régimes autonomes est entériné. Le remboursement à 80 % des frais médicaux, qui était inscrit dans l'ordonnance de 1945, n'est en pratique pas mis en œuvre faute de moyens. Cependant, les bénéfices du régime général sont étendus progressivement à d'autres catégories sociales : les étudiants, les militaires de carrière, les invalides de guerre. En 1956, un Fonds National de Solidarité est créé pour compléter les allocations versées aux personnes âgées indigentes. Pendant cette période, le régime général et le régime agricole restent totalement prédominants alors que subsistent de nombreux systèmes spécifiques. Ils s'adressent à une population donnée qui a souhaité – à tort ou à raison – continuer à bénéficier d'un système propre, sans contribuer à l'effort de solidarité nationale. Certains, comme les étudiants et les fonctionnaires, obtiennent de gérer leur régime de manière autonome. Cependant, et en dépit du fait que le remboursement des frais de maladie est loin d'être satisfaisant, la branche maladie du régime général est chaque année déficitaire.

Très tôt ces déficits incitent à mettre en œuvre des mesures correctrices. Les URSSAF sont créées en 1952 et leur utilisation est rendue obligatoire en 1960. Elles expriment le rôle croissant de l'État. En 1958, une ordonnance modifie les taux et les assiettes de cotisations, réduit le niveau de remboursement des prestations et institue une franchise de remboursement. Elle fixe aussi le modèle d'une convention-type avec les professionnels de santé. La franchise de remboursement, absolue (c'est-à-dire non remboursable), suscite une très forte opposition autant de la part des syndicats que de la Mutualité, et l'idée est finalement abandonnée. Elle sera reprise en 1967 et en 1979 mais elle ne sera jamais mise en place.

Dans les années 60/70, l'extension du mécanisme de protection se poursuit. Les agriculteurs bénéficient d'une assurance maladie-maternité-invalidité, puis d'une assurance contre les accidents du travail. Les professions libérales quant à elles sont assujetties à une assurance maladie. En dépit de perspectives démographiques qui devraient les inquiéter, ces systèmes de protection restent corporatistes. Ils continuent à rester autonomes et refusent de s'intégrer dans le régime général.

LES PREMIÈRES PRESSIONS FINANCIÈRES

La détérioration continuelle de la situation financière de la Sécurité sociale, et une forme de méfiance à l'égard du mode démocratique de gestion des caisses qui avait prévalu jusqu'alors, sont les fondements de la réforme initiée par Jean-Marcel Jeanneney en 1967 et 1968. Il s'agit de maîtriser les dépenses et de responsabiliser les partenaires sociaux en donnant le pouvoir aux syndicats réformistes et au patronat. Sont créées trois caisses nationales – santé, famille, vieillesse – financièrement autonomes, afin que les excédents de la branche famille ne viennent pas compenser les pertes de la branche santé. Le ticket modérateur passe de 20 à 30 % et les fonds d'action sociale des caisses sont sensiblement réduits. Pour les conseils d'administration des caisses, le principe de l'élection par les usagers est abandonné. Désormais les caisses sont gérées par des administrateurs désignés par les organisations syndicales d'employés et d'employeurs. Ce recours au paritarisme enterrait de fait le concept d'une démocratie sociale fondée sur la participation directe des citoyens chère à Pierre Laroque. L'idée sous-jacente était que chaque régime détermine lui-même le niveau de couverture maladie qui lui semblait le mieux adapté aux besoins de ses mandants. Il en résultait automatiquement une fragmentation du système qui rendait irréaliste la perspective d'une généralisation, alors même que les régimes autonomes réclamaient les mêmes droits que ceux du régime général, en dépit d'une situation démographique souvent catastrophique.

Le TMOP, le « ticket modérateur d'ordre public » prévu par les ordonnances de 1967, ne sera mis en œuvre que par un décret de 1980. Il s'agit d'une tentative de responsabilisation des patients puisque sa prise en charge est interdite aux mutuelles. Les mutuelles s'y opposent vigoureusement et obtiennent gain de cause un an plus tard. Cette campagne de lobbying est une étape significative puisqu'elle marque l'émergence de la Mutualité comme force politique.

LE DÉBUT DES PLANS DE REDRESSEMENT

1971 est une date importante car c'est celle de la signature de la première convention nationale entre les médecins et la Sécurité sociale. Jusqu'alors les conventions n'étaient que régionales. Sous le septennat de Valery Giscard d'Estaing, et alors que sévit la crise économique née du choc pétrolier, une loi de 1974 vient consacrer trois principes : généralisation, harmonisation et compensation. Chaque citoyen doit être rattaché à un régime de Sécurité sociale et ces régimes doivent proposer des prestations harmonisées, ce qui ne veut pas dire identiques. Un mécanisme de compensation financière est mis en place pour créer une solidarité entre des régimes dont les bénéficiaires connaissent des situations démographiques très différentes. La loi Royer en 1973 indique que le régime des commerçants et artisans doit s'harmoniser avec le régime général, tout en gardant son autonomie de gestion. La compensation financière du régime général vers les régimes autonomes est organisée dès 1974. Pendant cette période de crise économique, de moindre croissance et d'augmentation du chômage, les difficultés de la Sécurité sociale s'aggravent alors que la nécessité de protéger les catégories qui ne sont pas encore couvertes se fait plus pressante. À partir de ce moment sont mis en place les plans de redressement financiers, plan Veil en 1978, plan Barrot en 1979, qui vont se succéder presque d'année en année jusqu'à la période actuelle. Tous ces plans, s'ils portent des noms différents – ceux des ministres qui les ont initiés –, ont le même double objectif : augmenter les recettes et diminuer les dépenses. C'est à cette époque que Raymond Barre crée la Commission des Comptes de la Sécurité sociale, dont l'existence même atteste de l'importance du problème du financement. Néanmoins, rien ne parvient à arrêter ce mouvement vers un déficit qui semble inéluctable. La crise économique diminue les recettes alors que l'augmentation des coûts de la médecine de ville comme des dépenses hospitalières ne peut être maîtrisée.

Quand elle arrive au pouvoir en 1981, la Gauche veut à la fois venir en aide aux plus défavorisés et conduire une politique de relance par la demande. Les allocations familiales comme le minimum vieillesse sont fortement revalorisés, les chômeurs ayant épuisé leurs droits bénéficient des prestations en nature de la Sécurité sociale. Sur le plan structurel, les conseils d'administration des caisses primaires sont de nouveau composés d'administrateurs élus. Les déficits persistent et de nouveaux plans de redressement sont mis en œuvre et prévoient le déplafonnement des cotisations au régime d'assurance maladie. Des mesures de compression des dépenses portent leurs fruits et la croissance des dépenses de santé connaît une décélération.

C'est l'époque où naît dans les cercles patronaux une réflexion nouvelle visant à utiliser des mécanismes de marché pour tenter de réguler le coût de la santé. Au lieu de tenter d'imposer à la population une prise en charge plus importante des dépenses de santé, l'idée germe de confier au marché cette régulation. C'est la thèse défendue par les rapports Lehnart et Gisserot qui théorisent l'intervention du marché dans la solvabilisation de la demande de soins. Ces thèses sont naturellement reprises par le lobby des assureurs, et plus discrètement par les institutions de prévoyance, qui obtiennent gain de cause et se voient reconnaître le statut d'acteurs à part entière de la complémentaire santé. S'enclenche dès lors une mécanique concurrentielle de prise en charge par les organismes complémentaires de la part non remboursée des dépenses de santé.

Après un plan de rationalisation de l'assurance maladie porté par Philippe Séguin, début 1987 est mis en place un Comité des Sages composé de six experts chargés, à l'issue d'un vaste débat national, de remettre un rapport au gouvernement. Ni très ambitieux ni très novateur, ce rapport n'ouvrit pas de grandes perspectives alors que le déficit du régime général persistait. La présence d'un nombre important de chômeurs de longue durée posait un problème majeur, dans un système de sécurité sociale conçu à l'origine pour protéger les actifs dans un contexte économique où le chômage n'existait pas. C'est pour apporter une solution à ce problème que le gouvernement de Michel Rocard crée en 1988 le Revenu Minimum d'Insertion, qui est une première réponse au problème de l'exclusion.

LE NÉCESSAIRE RÉÉQUILIBRAGE

Quelques années après, le financement de la Sécurité sociale fait l'objet de questionnements. Depuis sa création il repose sur des cotisations professionnelles qui, plafonnées à l'origine, ont été progressivement déplafonnées. Elles restent de fait dégressives puisqu'elles sont déductibles de l'assiette des impôts sur le revenu. Sur le plan économique, et dans la perspective de lutter contre le chômage, il paraissait aberrant de faire porter toujours plus le coût de la protection sociale sur les salaires. Il semblait urgent de rééquilibrer les poids respectifs des cotisations sociales et de l'impôt dans le financement de la Sécurité sociale. Ces réflexions trouvèrent leur aboutissement dans la création de la Contribution Sociale Généralisée, nouvel impôt crée en 1991, avec à l'origine un taux très bas de 1 % portant sur l'ensemble des revenus et non plus seulement sur les salaires. Simultanément, le même gouvernement s'attaque à la question de la maîtrise des dépenses de santé. Le ministre Claude Evin obtient la mise en place d'une enveloppe globale négociée avec les laboratoires pharmaceutiques, puis avec d'autres professionnels de santé. C'est un premier pas important, à forte valeur symbolique, mais bien insuffisant puisque les médecins restent à l'écart de ce mécanisme conventionnel.

Malgré ces efforts pour maîtriser les dépenses, le déficit de la Sécurité sociale se reproduit d'année en année, et le Fonds de Solidarité Vieillesse est créé fin 1993 pour absorber le déficit accumulé depuis l'origine. Ce fonds sera alimenté par la CSG et peut ainsi rembourser le prêt consenti par l'État pour éponger ces pertes. Sous le gouvernement d'Édouard Balladur, une convention est enfin signée avec le corps médical pour introduire les instruments d'une maîtrise médicalisée des dépenses de santé. Des références médicales sont désormais opposables aux médecins et un objectif prévisionnel des dépenses de santé est négocié. La loi prévoit aussi le codage des actes médicaux et des pathologies.

LE PLAN JUPPÉ

Ces efforts se révélèrent insuffisants pour ramener le budget de la Sécurité sociale à l'équilibre. Alain Juppé, premier ministre de Jacques Chirac qui avait été élu sur un programme de croissance économique, prépare le plan qui porte son nom et qui sera présenté en 1995. Il traduit une forme de prise de conscience quant à la place que la protection sociale a pris au sein des finances publiques. Cette réforme très novatrice clarifie les rôles entre les institutions de la Sécurité sociale et l'État. En passant par une réforme constitutionnelle, il est acté que chaque année le Parlement sera amené à se prononcer sur l'évolution de la Sécurité sociale en votant la loi de financement de la Sécurité sociale. C'est cette loi qui fixe les objectifs prévisionnels de dépenses, qui sont ensuite déclinés au niveau des caisses régionales puis primaires. Pour absorber les déficits antérieurs, la Caisse d'amortissement de la dette sociale est créée. Son financement est assuré par un nouvel impôt, la contribution au remboursement de la dette sociale. Ce plan Juppé fut particulièrement bien accueilli au Parlement mais le volet qui prévoyait la réforme des régimes spéciaux de retraites se heurta à l'opposition virulente des syndicats, et après une longue grève, le gouvernement dû reculer sur ce point.

Le plan Juppé représente un pas supplémentaire vers une maîtrise toujours plus grande de l'État sur le système de santé. Outre la loi de financement déjà mentionnée, le plan prévoit la suppression des élections aux CPAM et amorce un processus de maîtrise médicalisée des dépenses. Il s'intéresse aussi à la formation des médecins, crée les ARH, Agences Régionales d'Hospitalisation, ancêtres des ARS, et lance les travaux qui donneront naissance à la Carte Vitale.

L'UNIVERSALITÉ CONSACRÉE

Quelques années après, cette fois sous un gouvernement de cohabitation conduit par Lionel Jospin, la Couverture Maladie Universelle est mise en place en 1999. Il s'agit d'une réforme majeure qui marque l'aboutissement de la mise en œuvre du principe d'universalité cher à Pierre Laroque. Toute personne qui réside en France de manière stable et régulière bénéficie des prestations de la Sécurité sociale, et peut même se faire rembourser le reste à charge après l'indemnisation prévue par le régime général. La même année, la Carte Vitale est distribuée à la totalité des assurés sociaux. Elle consacre la démonétisation de la relation entre le patient et les professionnels de santé. Elle est un facteur d'économies de gestion mais ne contribue pas à une diminution de la consommation médicale.

L'évolution tendant à diminuer la part des ressources reposant sur le travail s'est poursuivie et dès 1998, la CSG contribue largement à côté des cotisations assises sur les salaires au financement du système. Cette politique eut pour effet d'alléger les charges pesant sur les salaires, mais ne suffit pas à rééquilibrer les finances de la Sécurité sociale. Sous le gouvernement Raffarin, c'est Philippe Douste-Blazy qui met en œuvre le 27e plan de redressement des finances de la Sécurité sociale. Peut-être parce qu'il fut lui-même médecin, le nouveau ministre abandonne la maîtrise des soins par l'offre et veut au contraire maîtriser la demande de soins. Sont ainsi instaurées des franchises sur les actes médicaux afin de responsabiliser les patients. Ces mesures sont reprises et amplifiées sous la présidence de Nicolas Sarkozy. Les franchises s'appliqueront désormais sur les médicaments et les transports sanitaires, et le forfait journalier en cas d'hospitalisation est relevé. Toujours dans cette logique d'essayer – vainement – de supprimer le déficit de la Sécurité sociale, d'autres mesures sont prises en 2008. Le forfait social est créé pour taxer les revenus exonérés de charges sociales. Le taux de cet impôt est passé de 2 % en 2009 à 20 % en 2012.

VERS UN AGIRC-ARRCO DE LA SANTÉ ?

Les toutes dernières années de cette histoire sont marquées par d'importantes transformations structurelles. La réorganisation de la gouvernance de la Sécurité sociale d'abord, dont le directeur général voit son rôle renforcé, mais aussi le poids de plus en plus important des Agences Régionales de Santé et enfin la création de l'Unocam, qui consacre l'association des assureurs complémentaires aux grandes décisions. Les dépenses basculent vers les affections de longue durée et la prise en charge des plus pauvres via la CMU. Le monde mutualiste est directement impacté par les directives européennes sur la solvabilité des acteurs de l'assurance. Il s'ensuit une profonde transformation qui voit la disparition par voie de fusion/absorption de 80 % des mutuelles. La part de l'individuel et du collectif est affecté par l'ANI qui rend la couverture santé obligatoire pour tous les salariés via des contrats collectifs financés à hauteur de 50 % au moins par l'employeur. Les contrats responsables, le reste à charge 0, autant d'initiatives émanant de l'État qui cantonnent les organismes complémentaires à un rôle de gestionnaires d'un régime de santé dont les règles sont fixées par l'État.

On est loin aujourd'hui du schéma voulu par Pierre Laroque d'une sécurité sociale, sans lettre capitale, fondée sur la croyance commune des acteurs en la pérennité d'un système universel de protection sociale basé sur la solidarité. L'idée originelle selon laquelle un système de protection sociale repose d'abord sur la confiance des populations et sur leur adhésion est abandonnée depuis longtemps. C'est la fin du modèle français démocratique et solidaire. L'État a repris la main et il fera les politiques des majorités qui se succéderont au gré des alternances. Certes c'est aussi un processus démocratique, mais l'on peut douter qu'il conduise les Français à se sentir collectivement responsables de leur sécurité sociale.

Le discours de Pierre Laroque (extraits)

La sécurité sociale est « la garantie donnée à chacun qu'il disposera, en toutes circonstances, d'un revenu suffisant pour assurer, à lui-même et à sa famille, une existence décente ou, à tout le moins, un minimum vital ».

« La sécurité sociale répond ainsi à la préoccupation fondamentale de débarrasser les travailleurs de la hantise du lendemain, de cette hantise qui crée chez eux un complexe d'infériorité, qui arrête leurs possibilités d'expansion et la distinction injustifiable des classes entre les possédants qui sont sûrs d'eux-mêmes et de leur avenir et les non-possédants, constamment sous la menace de la misère. »

« La sécurité sociale prise dans son sens le plus large doit donc d'abord fournir à tous les hommes et à toutes les femmes en état de travailler un emploi rémunérateur. Elle commande l'élimination du chômage. »

« Pour conserver aux travailleurs un emploi rémunérateur, il faut aussi leur conserver leur capacité de travail, et c'est là que le problème de la sécurité sociale se relie au problème de l'organisation médicale. » ...

« Le problème de l'organisation médicale n'est pas seulement un problème de soins, c'est aussi et peut-être surtout un problème de prévention de la maladie et de l'invalidité. » « Il faut prendre le problème de la sécurité sociale comme un tout, comme un ensemble, et apporter des solutions coordonnées. »

« La sécurité sociale, pour être totale, doit s'appliquer à toutes les catégories de la population. » « La sécurité sociale, pour être efficace, doit reposer sur la solidarité nationale. Tout le monde doit participer à ses charges dans la mesure de ses moyens. »

« La tradition française dans le domaine de la sécurité sociale n'est pas une tradition d'étatisme bureaucratique, c'est une tradition d'entraide volontaire, (…) c'est la tradition de la mutualité, c'est la tradition du syndicalisme. »

« Il incombera aux responsables de la sécurité sociale de faire l'éducation des travailleurs pour les inciter à prendre réellement une part active à la gestion de leurs institutions. »

Vues rétrospectives d'experts-acteurs

La Sécurité sociale, telle qu'elle fut mise en œuvre à partir de la Libération, a désormais soixante-quinze ans : il nous a semblé utile et fécond d'interroger quelques personnalités qui ont participé à sa vie et donc à son évolution au cours de cette longue période. Acteurs puis observateurs, ils ont connu les rapports des forces en présence ; leurs analyses contribuent donc à expliquer les écarts que l'on observe aujourd'hui par rapport aux ambitions du projet initial.

Ont été auditionnés :

• Gaby Bonnand a notamment présidé le Conseil d'Administration de l'Unedic.
• Étienne Caniard, ancien Président de la Mutualité Française, ancien membre du collège de la Haute Autorité de Santé.
• Gilles Johanet, ancien Directeur de la CNAMTS.
• Jean-Claude Mallet, ancien Président de la CNAMTS.
• Jacques Nozach a dirigé un groupe de protection sociale.
• Jean Sammut, directeur de mutuelles, ancien secrétaire général de fédération mutualiste.
• Guy Vallancien, membre de l'Académie Nationale de médecine.

Qu'ils soient tous une fois de plus remerciés.

« La sécurité sociale est un mythe qui n'est jamais entré dans les faits. » (Jean Sammut)

LA REMISE EN CAUSE DE L'UNIVERSALITÉ.

L'universalité est l'un des principes fondamentaux du système imaginé par Pierre Laroque. Il souhaite un régime universel qui s'adresse à tous : *« L'individu est protégé parce qu'il est travailleur. »* (Gaby Bonnand). Dès 1945, ce principe est battu en brèche par les commerçants et les indépendants qui veulent maintenir leur spécificité, mais au-delà de ces corporatismes, *« l'universalité sera de plus en plus souvent remise en cause sous la pression des contraintes économiques qui va conduire à amplifier la mise sous conditions de ressources de nombreuses prestations, comme cela a été le cas pour les plus récemment créées »* (Étienne Caniard). Cette politique se traduit par un non-recours des usagers aux droits qui leur sont reconnus. Pour les Pouvoirs Publics, l'essentiel est un effet d'affichage, même si les usagers potentiels ne recourent pas ou peu à ces droits qui leur sont théoriquement reconnus. Ceci est particulièrement vrai de la politique familiale où le principe d'universalité est clairement remis en cause puisque les allocations familiales sont désormais sous conditions de ressources. Un autre exemple est celui des interrogations sur l'avenir des retraites de réversion.

Une fois ces premiers pas franchis, rien n'interdit de mettre les remboursements santé ou les allocations vieillesse sous conditions de ressources.

LE RÔLE DE L'ÉTAT

« Le système français est un système hybride qui n'a jamais voulu choisir entre Beveridge et Bismarck. L'État se positionne en arbitre, mais de temps en temps l'arbitre prend la balle et tire au but. » (Guy Vallancien). Dans le système imaginé par Pierre Laroque, le rôle de l'État était limité à l'encadrement du système. Les caisses d'assurances maladie étaient autonomes, l'État n'exerçant qu'une tutelle. *« À l'époque, il s'agissait d'un système de gauche, dont l'une des finalités était de couper l'herbe sous les pieds du Parti Communiste en confiant la gestion aux salariés et non à l'État. »* (Jean-Claude Mallet)

Le rôle de l'État s'est accentué à partir de 2004 à la suite du choc provoqué par la crise du sang contaminé. *« L'État est incapable de gérer et de piloter. Il a pris en main la gestion mais pas la dimension politique. »* (Gilles Johanet). Les politiques sont paralysés quand il s'agit de « toucher » à la santé. Ils sont dans une crainte d'une catastrophe et cela les conduit à une très grande prudence qui confine à l'immobilisme et laisse le champ libre aux professionnels. Et en même temps, « *l'assurance maladie ne fait jamais débat car tout le monde s'en fout* » (Jean-Claude Mallet)

L'évolution du financement de la Sécurité sociale est illustrative des mutations de la société française. Au départ, le financement procédait du travail. On prélevait sur les salaires pour assurer des salaires de remplacement. « *L'objectif d'universaliser l'assurance maladie, présent dès la création de la Sécu, se concrétise d'une part par la mise à contribution de revenus autres que ceux du travail – c'est la CSG – et d'autre part par la protection d'une population plus large que les travailleurs que sont tous ceux qui résident en France de façon régulière.* » (Gaby Bonnand). Le montant du financement pose en lui-même question. « *Aujourd'hui, les dépenses de santé représentent 10 % du PIB. Il faut se poser la question de savoir si l'on veut – si l'on peut – aller au-delà.* » (Jacques Nozach). Cela nécessite un financement par l'impôt qui légitimise la mainmise de l'État. « *Aujourd'hui, la gouvernance ne correspond plus aux enjeux posés au système de santé.* » (Gaby Bonnand). Celui-ci met à la charge de l'assurance maladie des dépenses qui ne devraient pas lui être imputées. « *L'AME est un bon exemple : son coût est de 1 milliard d'euros par an dont seulement la moitié est rembour-*

sée par l'État au régime général. » (Jean-Claude Mallet)

Les choix de l'État en matière d'infrastructures sanitaires sont contestables. Dans les années 70, afin de satisfaire les élus locaux, on a construit de petits hôpitaux, comme de petits lycées, et le résultat est le même en termes de qualité. *« Dans ces établissements où le nombre d'actes est insuffisant, on soigne les vieux et les pauvres, et c'est là que l'on constate les surmortalités. »* (Guy Vallancien). Ceci crée une véritable inégalité entre les métropoles et les territoires ruraux quant à l'accès aux soins de qualité.

LE RÔLE DES SYNDICATS

À l'origine du système, les prestations en espèces étaient supérieures aux prestations en nature. C'est en 1958 que la tendance s'est inversée. Dans le système initial, le rôle des salariés ou de leurs représentants dans la gestion des caisses était parfaitement légitime. *« Lorsque les cotisations étaient assises sur les salaires et redistribuées sous forme de prestations en espèces, la légitimité de la participation des représentants des salariés à la gestion du système était incontestable. Or, aujourd'hui, le financement par la CSG et par l'impôt remet en cause ce lien direct qui justifiait le rôle des partenaires sociaux.* » (Étienne Caniard)

Les syndicats défendent leurs électeurs, en l'occurrence les salariés, et ceci met à mal le principe de solidarité. Ils s'intéressent beaucoup moins aux retraités et, au-delà des discours, ils se sont opposés à la création de syndicats de retraités. Le caractère redistributif voulu par Pierre Laroque était total. « *La solidarité était totale entre bien portants et malades et entre jeunes et vieux. Aujourd'hui, les jeunes supportent de plus en plus mal de devoir payer pour les vieux qui sont souvent plus riches qu'eux. En outre, cette solidarité coûte très cher du fait de l'allongement de la durée de vie.* » (Jacques Nozach)

LES ORGANISMES COMPLÉMENTAIRES

À titre liminaire, on peut mentionner que Pierre Laroque ne fait pas allusion aux assureurs, mutualistes ou privés, dans son projet. Il est marqué par les compromissions des mutuelles pendant la période de l'Occupation, et les assureurs privés de l'époque ne s'intéressent pas à l'assurance santé.

« *L'État paralyse les complémentaires.* » (Gilles Johanet). Le rôle des assureurs complémentaires est de plus en plus circonscrit par les pouvoirs publics. « *Le système français d'assurance santé à deux étages, obligatoire et complémentaire, est appelé à disparaître. Les assureurs complémentaires qui ne gèrent que 12 % des remboursements ne pèsent pas suffisamment pour faire évoluer le système.* » (Guy Vallancien). « *Les assureurs, quel que soit leur statut, gèrent la santé comme l'AGIRC-ARRCO gère les retraites, à la différence près que leurs organes de décisions ne sont pas paritaires.* » (Jacques Nozach). Par le biais des déremboursements, l'État transfère des charges aux organismes complémentaires. *In fine*, c'est toujours l'assuré qui supporte la charge, mais pour l'État le bénéfice est que les cotisations payées aux régimes complémentaires n'apparaissent pas dans le budget de l'État au titre des prélèvements obligatoires.

La CMU, que les organismes complémentaires ont délaissée, est de fait revenue aux caisses primaires. « *On peut s'interroger sur le point de savoir si la Mutualité est bien dans son rôle quand elle abandonne ainsi une clientèle modeste.* » (Jacques Nozach)

Par nature, un système d'assurance est fait pour gérer des risques. Or, les complémentaires remboursent bien le petit risque, celui pour lequel l'assurance n'est peut-être pas nécessaire, mais n'interviennent pas suffisamment sur les gros risques, qui peuvent générer d'importants restes à charge dans le cadre des contrats responsables. Et s'ils tentent de retrouver leur vrai rôle d'assureur en créant des surcomplémentaires ou des contrats au premier euro pour couvrir les médecines alternatives ou l'homéopathie, ils sont pénalisés par une taxe à 14 %.

Un certain nombre d'événements qui étaient des risques, c'est à dire qui comportaient un aléa, à l'époque des ordonnances de 1945, ne sont plus des risques aujourd'hui et ne devraient plus être gérés par un système assuranciel. Un exemple évident est celui des lunettes. *« Chacun ou presque au-delà d'un certain âge a besoin de lunettes. Ce n'est plus de l'assurance car il n'y a plus d'aléa. Le remboursement des équipements d'optique s'assimile plus à un mécanisme d'épargne préalable qu'à un mécanisme assuranciel. »* (Étienne Caniard). On peut appliquer le même raisonnement à certains médicaments qui sont prescrits pendant des années à une très grande partie des personnes âgées.

Les organismes complémentaires ont en quelque sorte perdu leur âme en se contentant de rembourser des soins. Ce sont des tâches qui ne permettent pas d'apporter une valeur ajoutée. *« Les organismes complémentaires trouveront une nouvelle légitimité en apportant à leurs assurés ce qu'ils attendent en matière de services d'accompagnement.* » (Étienne Caniard). Or, avec le vieillissement de la population, ce besoin de services d'assistance va exploser et la mutuelle que l'assuré a choisie aura plus de légitimité que le régime de Sécurité sociale qui lui est imposé. « *Par rapport à 1945 où les besoins se limitaient à la solvabilisation des dépenses, c'est aujourd'hui un suivi dans le parcours de soins, des conseils, de l'accompagnement que les usagers attendent.* » (Étienne Caniard)

LA PRÉVENTION

Le souci de prévenir les accidents, et notamment les accidents du travail, est un souci majeur de Pierre Laroque. L'accident, parce qu'il provoque un arrêt de travail et donc une perte de revenus, doit être évité. Or, on constate la modestie des politiques de prévention.

Trois facteurs expliquent cette situation. Le premier est que les politiques publiques sont plus orientées vers la réparation que vers la prévention. « *Notre système de santé, essentiellement curatif, doit se transformer pour intégrer davantage des politiques de prévention et d'accompagnement.* » (Gaby Bonnand). La manière dont est traitée la pénibilité du travail est tout à fait significative. On a mis en place des mécanismes visant à compenser le fait que les travailleurs soumis à des travaux pénibles ont une moindre espérance de vie, mais on n'a pas vraiment réfléchi à la manière de diminuer la pénibilité. Le second est le progrès médical lui-même qui influence les comportements individuels. *« La prévention est une " victime collatérale " du progrès médical. Certains se demandent pourquoi faire des efforts sur leur hygiène de vie alors que le monde médical nous promet l'arrivée de médicaments qui compenseront les excès alimentaires. »* (Étienne Caniard). Enfin, les contraintes qui pèsent sur les politiques sont le troisième facteur explicatif de la faible place faite à la prévention. Une dépense de prévention n'aura d'effet qu'à long terme. Or, un politique privilégiera toujours une dépense dont l'effet est immédiatement visible et donc préfèrera la réparation à la prévention.

La prévention relève de la responsabilité de l'État qui devrait être capable de développer une vraie politique en distinguant financement et responsabilités. La prévention, prérogative régalienne, n'empêcherait pas l'État de déléguer les missions de terrain à des opérateurs privés. *« La santé au travail est un thème important mais l'entreprise n'a jamais été un territoire de santé. »* (Jean-Claude Mallet). La disparition récente des CHSCT en fournit une parfaite illustration.

« La prévention ne peut être déléguée aux branches professionnelles car elles sont trop nombreuses et certaines sont bien trop petites pour avoir les moyens de conduire une politique de prévention. » (Jean-Claude Mallet)

« Malgré ces obstacles, ou à cause d'eux, une réflexion s'impose sur la prévention. Il faut reconnaître un droit à la prévention comme on a reconnu un droit à la santé. » (Étienne Caniard)

« Les mutuelles, parce qu'elles sont l'émanation de leurs sociétaires, devraient avoir pour mission d'éloigner le risque. En fait, elles se limitent à faire un métier d'assureur en gérant les risques. » (Jean Sammut)

LE RÔLE DES PROFESSIONNELS DE SANTÉ

On notera d'abord que le rôle des médecins, et plus largement des fournisseurs de santé, n'est pas abordé par Pierre Laroque. Les médecins sont absents de son discours. Il est difficile de connaître les raisons de ce silence, mais l'on peut évoquer plusieurs hypothèses. La première est que le médecin de son époque bénéficiait d'un prestige, d'une aura, dont ne jouissent plus ses collègues aujourd'hui. Une autre explication, qui rejoint la précédente, réside sans doute dans les progrès de la médecine elle-même. Le médecin de l'après-guerre n'avait pas à sa disposition les outils dont dispose son collègue d'aujourd'hui, mais son diagnostic, moins étayé scientifiquement, était paradoxalement plus crédible que celui de son collègue contemporain challengé par les consultations sur Internet. Peut-être enfin peut-on oser dire que la relation du corps médical à l'argent et à la qualité de vie au travail a changé et que cela suscite des questions qui n'avaient pas cours à l'époque.

Aujourd'hui le rôle du corps médical, des médecins, paramédicaux et hôpitaux sont des thèmes qui reviennent dans les propos de tous les experts qui ont été interrogés. *« Les syndicats médicaux ont trop souvent privilégié une approche très corporatiste amplifiant les blocages que l'on observe dans le domaine de la santé. »* (Étienne Caniard)

« Les syndicats de médecins ne sont pas représentatifs. Plutôt que de dialoguer avec eux, les pouvoirs publics feraient mieux de les interroger directement via Internet. » (Guy Vallancien). Les syndicats de médecins sont certes corporatistes, mais ils évoluent en même temps que leurs mandants.

La technologie va profondément impacter le rôle des médecins. Les progrès de l'imagerie et le développement de l'Intelligence Artificielle vont complètement bouleverser le monde médical. « *Les médecins constituent une profession perturbée par les évolutions technologiques.* » (Jean-Claude Mallet)

On ne tient pas assez compte de l'évolution de la médecine dans l'organisation du système de soins. « *Il n'y a pas d'études de l'impact du progrès médical sur l'organisation de la santé.* » (Gilles Johanet). « *La diminution de certaines pathologies, gastriques par exemple, avec la découverte d'une bactérie responsable de 80 % des ulcères et de nombreux cancers ne se traduit pas par une diminution proportionnelle des services chargés de les traiter.* » (Étienne Caniard)

« *Nous sommes dans un système où l'hôpital est soumis à de fortes contraintes tout en jouant le rôle de recours ultime en l'absence d'autres possibilités. Parallèlement, au nom du respect de la médecine libérale, la médecine de ville reste trop inorganisée. La situation des urgences est une conséquence emblématique de cette contradiction.* » (Étienne Caniard)

Le mode de rémunération des médecins, et par extension des paramédicaux, doit être revu. Ce thème fait l'unanimité des experts rencontrés. « *La rémunération à l'acte et les conventions*

médecins-Sécurité sociale n'ont plus de sens. »
(Guy Vallancien). Il faut généraliser le paiement
au forfait tout en reconnaissant que ce changement est plus facile à opérer dans le domaine de
la chirurgie que chez le généraliste. Le forfait est
le seul moyen d'obliger le médecin à faire de la
qualité s'il veut éviter que son patient revienne le
voir parce qu'il a été mal pris en charge.

Les médecins ont désormais peur de leurs
patients. « *On est passé de " Docteur faites pour
le mieux " à " Docteur guérissez-moi ".* » (Gilles
Johanet). Ce n'est pas neutre et cela conduit à
un très grand formalisme dans la manière d'informer le patient des risques qu'il court, et parfois à
un certain conservatisme dans les méthodes em-
ployées. Cette peur se retrouve aussi au niveau
des politiques qui craignent toujours des catastrophes comme le sang contaminé ou le Mediator.

La question se pose de la fonction du généraliste.
Sera-t-elle résiduelle ? Les collectivités locales interviennent comme acteurs du système de santé
pour compenser le manque de personnel médical
en milieu rural. C'est une tendance forte que l'État
observe, comme s'il souhaitait étudier l'action des
acteurs locaux avant de fixer des règles.

La question du nombre de médecins revient souvent car « *en santé, c'est l'offre qui crée la de-*

mande et la concurrence qui crée l'inflation ». (Jean Sammut). S'il est vrai que l'on manque de médecins aujourd'hui, il est très difficile de savoir de combien de médecins on aura besoin dans quinze ans compte tenu des progrès de l'Intelligence Artificielle. Les facteurs sociologiques jouent aussi leur rôle : la féminisation de la profession et le fait que beaucoup de jeunes médecins ne souhaitent plus travailler 70 heures par semaine, même pour une forte rémunération. *« La suppression du numerus clausus et le maintien du conventionnement ouvert à tous est une grave erreur. »* (Gilles Johanet). C'est une forme d'open bar pour la démographie médicale.

La relation entre médecins et personnel paramédical est fondamentale pour l'avenir. Aujourd'hui les médecins ont une attitude malthusienne : ils veulent que chaque acte que l'on ouvre aux paramédicaux soit financièrement compensé comme si l'essentiel de leur rémunération en dépendait. Il est urgent de donner plus de place aux infirmiers et infirmières, notamment de pratique avancée, ainsi qu'aux pharmaciens. *« Ils peuvent accomplir de nombreux actes qu'effectuent aujourd'hui les médecins et ils sont demandeurs. »* (Guy Vallancien). La France est l'un des rares pays développés où ces Infirmières de Pratique Avancée n'existent pas alors que leurs missions seront très nombreuses, du fait du vieillissement de la population et de la multiplication des maladies de longue durée.

MYTHE OU RÉALITÉ ?

« *La sécurité sociale est un mythe qui n'est jamais entré dans la réalité.* » Cette phrase de Jean Sammut, placée en exergue de cet essai de synthèse des points de vue des experts rencontrés, traduit bien la réalité. Le rêve ambitieux de Pierre Laroque d'une sécurité sociale qui soit l'expression d'une démocratie sociale ne s'est pas incarné dans les mesures mises en œuvre après le texte fondateur de 1945. Aussitôt après l'élan initial, la levée de boucliers des corporatismes est venue briser l'idéal d'une universalité et ces régimes spéciaux ont survécu jusqu'à nos jours. L'idée d'une contribution de chacun selon ses moyens et d'un bénéfice à chacun selon ses besoins a été doublement abandonnée. Les contributions des plus riches ont été plafonnées alors que bien des allocations étaient mises sous conditions de ressources.

Trois quarts de siècle après sa création, la Sécurité sociale n'est plus une ambition. Elle est devenue une institution. Il est significatif d'observer que Pierre Laroque écrit les mots « sécurité sociale » sans majuscules. Pour lui c'est un objectif qui deviendra, espère-t-il, une réalité, une autre forme de concevoir la société. Aujourd'hui nous écrivons « Sécurité sociale » avec une majuscule, c'est une administration, un appareil d'État comme les ministères ou l'Assemblée nationale.

Pour les trentenaires d'aujourd'hui, qui dans leur immense majorité n'ont jamais entendu parler de Pierre Laroque et du programme du Conseil National de la Résistance, la Sécurité sociale est un mécanisme d'assurance qui gère le remboursement des frais de santé. Ce n'est pas faux, à condition d'ajouter qu'à la différence d'une entreprise d'assurance classique, la Sécurité sociale indemnise certains assurés qui n'ont jamais contribué à son financement. Ces prestations non contributives sont la dernière expression de la solidarité entre riches et pauvres et entre bien portants et malades qui est le substrat sur lequel a été bâti en 1945 le système que nous connaissons aujourd'hui.

Vues de l'étranger

(Jean-Pierre Daniel)

Dans ce livre centré sur la France, il nous est apparu intéressant d'observer que d'autres pays ont trouvé des réponses très différentes aux questions de financement de l'accès à la santé. Il était exclu d'être exhaustifs. Nous avons donc demandé à Jean-Pierre Daniel de décrire quelques systèmes d'assurance santé que nous pouvons qualifier de « typés » mais dont les caractéristiques se retrouvent, parfois, sous forme atténuée, dans d'autres pays. Le lecteur trouvera donc ci-après quelques pages sur les systèmes en vigueur en Espagne, aux États-Unis, en Hollande et à Singapour.

UN INDICATEUR

	Espérance de vie Hommes*	Espérance de vie Femmes*	Dépenses de santé/ PIB
Espagne	80,6	86,1	9 %
États-Unis	76,1	81,1	17,2 %
Hollande	80,2	83,4	10,5 %
Singapour	78,1	84,5	4,5 %
France	79,6	85,6	11 %

* Il s'agit de l'espérance de vie à la naissance : source OCDE 2018. Sauf Singapour : source Banque Mondiale 2017.

L'ASSURANCE SANTÉ EN ESPAGNE

Il existe en Espagne un système de sécurité sociale universelle financé par l'impôt dont bénéficie toute personne résidant sur le territoire espagnol. Les soins sont gratuits, sans ticket modérateur, à l'exception du dentaire et de l'optique qui ne sont pas pris en charge. Selon les régions, qui sont autonomes quant à la gestion de la santé, et les situations sociales des patients, les médicaments sont plus ou moins remboursés. En contrepartie de cette gratuité, chaque citoyen est affecté à un médecin généraliste qui fait office de *gate-keeper* pour l'accès aux spécialistes et aux analyses. Il existe bien entendu des services d'urgence dans les hôpitaux auxquels on peut accéder directement. Le modèle espagnol est un parfait exemple d'une médecine de caisse et il engendre les files d'attente que connaissent tous les pays qui ont mis en place de tels systèmes de santé. Il est clair que les problèmes de santé graves sont traités rapidement, mais pour les soins courants les Espagnols doivent attendre longtemps, qu'il s'agisse des consultations ou surtout des interventions chirurgicales non urgentes.

Pour éviter ces files d'attente, des assureurs (au départ souvent sans but lucratif mais désormais capitalistes) ont inventé un système d'assurance substitutif à la Sécurité sociale. L'assuré paie une prime, le plus souvent mensuelle, qui lui permet d'accéder gratuitement à l'un des médecins du réseau constitué par l'assureur. Ces réseaux qui comptent entre 20 et 50 000 médecins selon la société d'assurance sont répartis sur l'ensemble du territoire et comptent aussi des laboratoires, des cliniques et des hôpitaux. Avec un tel contrat, un patient peut ne jamais avoir recours à la Sécurité sociale, et il fut un temps où ces assurés bénéficiaient d'un avantage fiscal qui compensait une partie de la prime payée à l'assureur. Si le client peut accéder au médecin gratuitement autant de fois qu'il le veut, le médecin est rémunéré à l'acte puisque la capitation est interdite, et l'on devine que la société d'assurance surveille la fréquence des consultations des médecins de son réseau.

Certains contrats prévoient un ticket modérateur, ce qui permet de diminuer la prime, mais ils ne rencontrent pas un vrai succès commercial car les clients qui souscrivent ce genre de contrat attachent une grande importance à une « gratuité » totale, alors même que la logique économique devrait leur faire accepter le ticket modérateur.

L'assurance santé est totalement libre et contrôlée par l'équivalent de l'ACPR et non par les organes qui gèrent la Sécurité sociale. Il existe deux formes de contrats. Les contrats dit de « *reembolso* » où l'assureur rembourse le plus souvent 80 % des dépenses de santé du client en lui laissant une totale liberté quant au médecin consulté. Le client n'est pas obligé d'aller vers un médecin du réseau et ces produits sont donc plus chers. Ils sont aussi beaucoup moins répandus que ceux que l'on appelle « *asistencia sanitaria* » puisqu'ils ne représentent que 7 % du total des assurés en santé.

« *L'asistencia sanitaria* » est de très loin la formule la plus répandue et la plus intéressante à étudier d'un point de vue assuranciel. La clé du succès pour l'entreprise d'assurance réside dans le contrôle exercé sur les médecins du réseau. Chaque société dispose de sa propre équipe de médecins salariés qui sont chargés de contrôler le travail de leurs confrères. Ils autorisent aussi certaines dépenses de santé comme des opérations lourdes, en orientant les patients vers les structures les moins coûteuses du réseau. Un médecin qui ne respecterait pas les consignes de l'entreprise pourrait voir résilié l'accord qui le lie à la société d'assurance. La quasi-totalité des médecins partagent leur activité entre la Sécurité sociale le matin et une consultation privée l'après-midi. En Espagne, un médecin ne peut vivre que s'il participe à plusieurs réseaux de sociétés d'assurance, chacune fixant le prix des actes à l'issue d'une négociation individuelle. Les sociétés les plus importantes imposent des prix plus bas puisqu'en principe elles peuvent apporter une patientèle plus nombreuse chez le praticien.

Quant aux garanties, elles sont semblables d'une société à l'autre, et les particularités que les services de marketing incluent dans les contrats sont assez marginales. Partant du principe que toutes les spécialités médicales de base sont couvertes, les différences portent sur la podologie qui peut être plus ou moins prise en charge, certains soins dentaires de base et l'accès aux médecines douces. Les sociétés mettent souvent des limites aux consultations de psychiatrie. Les vrais soins dentaires font l'objet de contrats séparés et l'optique est exclue comme par la Sécurité sociale.

Les primes varient de 50 à 100 € par assuré et par mois en fonction du contrat et de l'âge de l'assuré. Il existe des formules famille qui tiennent compte du fait que dans une famille jeune le mari consomme moins que la femme et les enfants. Avant la souscription, l'assuré doit remplir un questionnaire médical plus ou moins intrusif, et les maladies existantes au moment de la souscription sont en principe exclues. Le tarif est unisexe, mais en pratique les clients sont majoritairement des femmes qui souscrivent quand elles envisagent d'avoir un enfant. Il en résulte une antisélection importante mais assumée par les sociétés parce que c'est une pratique de marché à laquelle il faut s'adapter. Avec l'âge, les primes deviennent insupportables pour nombre de clients, mais socialement il n'y a pas de drame puisque ces anciens clients peuvent avoir recours à la Sécurité sociale qui leur reste ouverte gratuitement.

L'ASSURANCE SANTÉ AUX ÉTATS-UNIS

Le système de santé américain se caractérise par trois éléments. Son coût élevé (17 % du PIB), l'absence de système public de Sécurité sociale, et enfin sa faible efficacité si on mesure celle-ci à l'aune de l'espérance de vie.

L'essentiel du système de santé est géré par des opérateurs privés : 67 % des Américains bénéficient d'une assurance santé privée souscrite habituellement par l'intermédiaire de l'employeur qui paie souvent plus de la moitié de la prime, le reste étant payé par le salarié. Les couvertures sont naturellement variables, puisque chaque assureur propose son propre cocktail de garanties, et chaque employeur choisit ce qui lui semble adapté aux besoins de ses employés et à ses facultés contributives. Une pratique courante consiste à laisser à la charge de l'assuré une franchise annuelle, qui peut atteindre 2000 dollars et qui est le seuil au-delà duquel l'assureur intervient.

Il existe trois familles d'assureurs santé.

Les HMO, *Health Management Organizations*, qui mettent à la disposition des assurés un réseau de médecins, de cliniques et de professionnels de santé auxquels les assurés ont accès gratuitement.

Les *Preferred Providers Organizations* sont très proches des HMO en ce qu'ils proposent également un réseau de soins, mais ils permettent à l'assuré qui voudrait consulter un praticien qui ne serait pas dans le réseau de bénéficier d'un remboursement partiel de ses frais.

Les *Indemnity Insurances* laissent le patient totalement libre de choisir le praticien qu'il souhaite et l'assureur rembourse une part des frais engagés.

Si un système de sécurité sociale généralisé n'existe pas, deux systèmes publics s'adressent à une partie de la population.

Medicare a été créé en 1965 par le Président Johnson. Il s'adresse aux personnes âgées de plus de 65 ans ou souffrant de certaines incapacités. Medicare s'articule en trois niveaux de prestations qui vont d'une couverture des frais d'hospitalisation et de consultations des médecins à des couvertures additionnelles, dont certaines sont payées par l'assuré et qui lui permettront de se voir rembourser les médicaments prescrits. Medicare est majoritairement financé par les taxes fédérales et les cotisations des employeurs, mais aussi par une contribution payée par les bénéficiaires.

Medicaid, créé en même temps de Medicare, s'adresse aux indigents. Il est financé au niveau fédéral mais géré par les États, et les garanties qu'il procure varient selon les États. Ceux-ci sont obligés de fournir gratuitement un certain nombre de services comme les consultations, les hospitalisations et les soins préventifs. Ils peuvent le faire en prenant directement en charge ces dépenses ou en passant des contrats avec des assureurs privés. Liberté leur est laissée de prévoir des prestations supplémentaires.

Au total, Medicare et Medicaid représentent 37 % des dépenses de santé des États-Unis. Ensemble, ces deux systèmes apportent une assistance à 134 millions de personnes, soit près du tiers de la population américaine.

L'Obama Care, qui est le nom usuel de l'*Affordable Care Act* adopté en 2010 sous l'impulsion du président Obama, vise à faire bénéficier tous les Américains, y compris les plus démunis, d'une assurance santé. Selon ce texte, tous les citoyens américains doivent souscrire une assurance santé et ceux qui sont déjà assurés et dont le contrat ne correspond pas aux exigences minimales de la nouvelle loi doivent changer d'assureur. Une aide financière est prévue pour aider les plus nécessiteux à souscrire un contrat et une amende est instituée pour pénaliser ceux qui refuseraient de s'assurer. Toutes les entreprises de plus de 50 salariés doivent proposer une couverture santé à leurs salariés et participer à son financement. Enfin, l'Obama Care a facilité l'accès au programme Medicaid en diminuant le seuil à partir duquel un indigent peut en bénéficier.

Ainsi, de 2010 à 2016, le pourcentage de personnes non assurées est passé de 16 à 9 % de la population. On sait que les républicains ont très souvent tenté, jusqu'à présent sans succès, de remettre en cause l'Obama Care. Aujourd'hui, il semble que l'idée d'un système de santé financièrement abordable pour tous est acceptée par une majorité d'Américains.

L'ASSURANCE SANTÉ EN HOLLANDE

Le système d'assurance santé aux Pays-Bas est particulièrement intéressant en ce que l'État n'est ni payeur ni prestataire de soins. Il se contente d'organiser la concurrence entre acteurs et de vérifier que tous les citoyens, quel que soit leur âge ou leur état de santé, ont accès aux soins. Depuis le plan Dekker de 1986, qui marque le début de l'évolution actuelle, différentes réformes ont dessiné cette situation où l'Etat n'est plus qu'un arbitre.

La souscription d'un contrat d'assurance santé auprès d'un assureur est obligatoire et la non-assurance est sanctionnée par une amende. Il existe 4 opérateurs principaux qui concentrent 90 % du marché et qui sont tous sans but lucratif. L'État détermine un panier de soins semblable à celui que nous connaissons en France. Les sociétés d'assurance ne peuvent pas refuser un prospect ou moduler la prime en fonction de son état de santé. La somme payée par l'assuré varie non pas en fonction des garanties, puisque le panier de soins est identique, mais en fonction de la capacité de négociation de la société d'assurance vis-à-vis des prestataires de soins, médecins, hôpitaux et laboratoires. De ce fait, il n'y a pas de grands écarts de tarifs entre les concurrents.

La prime annuelle est de l'ordre de 1200 € par an et l'assuré peut changer d'assureur chaque année. 70 % des assurés le sont par l'intermédiaire d'un contrat collectif partiellement financé par l'employeur. Un certain nombre de soins font l'objet d'un ticket modérateur qui ne peut être supérieur à 360 € par an. Par contre, les assurés peuvent accepter volontairement une franchise supérieure qui se traduit par une diminution de la prime. Un autre facteur de moralisation existe sous forme d'un bonus de 255 € par an attribué chaque année aux assurés qui n'ont pas utilisé leur contrat d'assurance maladie.

Le citoyen peut s'il le souhaite souscrire une assurance complémentaire pour accéder à des traitements non prévus par le panier de soins, ou pour bénéficier d'une hospitalisation dans des établissements plus confortables.

L'assurance des mineurs de moins de 18 ans financée par l'État est obligatoire et gratuite.

Les employeurs sont appelés à cotiser pour alimenter un fonds destiné à la prise en charge des maladies longues et coûteuses. Baptisé AWBZ, ce mécanisme était géré par l'État dans le cadre de la réforme de 2006. Il visait à prendre en charge de manière collective ces maladies longues et coûteuses, et surtout la dépendance des personnes âgées qui constituait la plus grande part des dépenses. Au global, l'AWBZ représentait 30 % des dépenses de santé. Lors de la réforme de 2014, l'État a décidé de réduire son rôle dans la gestion de ce régime. Les soins psychiatriques sont renvoyés vers l'assurance mala-die traditionnelle et les municipalités sont beau-coup plus impliquées dans la prise en charge des personnes dépendantes.

Aujourd'hui, l'assurance santé est donc le résultat de négociations tripartites entre les assurés, les sociétés d'assurance et les prestataires de soins. Les assureurs négocient avec les médecins et les hôpitaux le coût des prestations, mais ils veillent aussi à la qualité des soins afin d'obtenir une mé-decine de qualité qui permet de réduire la consommation médicale. L'État détermine le pa-nier de soins dont le contenu peut évoluer d'une année à l'autre, et garantit l'égalité de la concur-rence entre les assureurs. Ainsi, pour s'assurer que le principe de la non-sélection des patients est bien respecté, il a été mis en place un sys-tème de réassurance qui répartit entre les acteurs la charge des patients aux pathologies les plus lourdes. Du coté des assureurs, la tendance est naturellement à la constitution de réseaux de soins ou de cabinets collectifs avec des modes de rémunérations variés, du paiement à l'acte à la capitation en passant par un forfait pour une pathologie donnée. Quant aux assurés, ils doi-vent choisir l'offre d'assurance qui leur convient le mieux, sachant que pour l'instant la concur-rence entre assureurs se fait plus sur la qualité et la rapidité des soins que sur le prix. Les marges sont si faibles qu'il faudra sans doute de nombreuses années avant que des efforts de rationalisation chez les assureurs se traduise par de vraies différences de prix sur les contrats.

L'ASSURANCE SANTÉ À SINGAPOUR

La cité-État de Singapour, avec ses 5,9 millions d'habitants, bénéficie d'un système de santé présenté souvent comme le meilleur du monde. Il repose sur une concurrence entre établissements publics et hôpitaux privés et sur un mode de financement original, qui pour la plus grande partie de la population se fonde sur un mécanisme d'épargne individuelle. La juxtaposition de plusieurs mécanismes de financement, étatiques ou reposant sur l'épargne individuelle, aboutit à ce que le coût des dépenses de santé soit supportable quelle que soit la situation économique et l'âge du patient.

Le gouvernement accorde une place importante au thème de la santé de la population. Grâce au rôle des hôpitaux public, il contribue à la régulation des coûts dans les hôpitaux privés et intervient sur les thèmes de santé publique en fixant le nombre de lits d'hospitalisation ou en contrôlant l'évolution des dépenses de santé.

Il existe 10 hôpitaux publics, certains étant spécialisés pour certaines pathologies alors que d'autres sont généralistes. Chacun de ces hôpitaux gère un service d'urgence. Ces hôpitaux publics offrent leurs services à l'ensemble des citoyens de Singapour et pas seulement aux plus nécessiteux. À côté des hôpitaux proprement dit, il existe des structures d'accueil pour convalescents.

En cas d'hospitalisation, les citoyens reçoivent une indemnité de l'État pour prendre en charge une partie des frais médicaux. Ce que représente cette indemnité par rapport aux frais médicaux engagés varie en fonction des revenus du patient et du plus ou moins grand confort de l'hôpital qu'il a choisi. Elle représente entre 50 et 80 % de la dépense.

En 2012 a été créé le *Community Health Assist Scheme* qui accorde des allocations aux personnes les plus modestes mais surtout aux membres de la « Génération des Pionniers », c'est-à-dire les habitants nés avant 1950 qui bénéficient d'une prise en charge de leurs maladies chroniques.

Au-delà de ce financement public, les dépenses de santé sont financées par trois mécanismes souvent présentés sous la formule des « 3 M ».

Medisave est un mécanisme d'épargne obliga-toire par lequel les citoyens mettent de l'argent de côté pour financer leurs frais de santé, un achat immobilier et plus tard la retraite. Cette épargne est de 20 % du salaire pour les em-ployés âgés de plus de 55 ans et de 8 à 10 % du salaire pour les plus jeunes. Les employeurs abondent cette épargne à hauteur de 17 % du salaire. Le collecteur de ces fonds, le *Central Providence Fund*, sur lequel chaque salarié a un droit de tirage, n'est pas redistributif. Chaque bénéficiaire ne peut utiliser que l'épargne qu'il a lui-même a apporté à ce fonds. Au sein de Medi-save, il existe des plafonds annuels de dépenses qui visent à contenir l'évolution des dépenses de santé.

Medishield Life est un système public conçu pour prendre le relais de Medisave si les plafonds de garanties sont dépassés. Un Singapourien n'est pas obligé d'y souscrire. Si c'est le cas, les primes sont prélevées sur le compte Medisave. L'objectif de Medishield est de couvrir les dépenses de santé particulièrement coûteuses, comme cer-taines interventions chirurgicales ou des traite-ments de longue durée.

Medifund est un mécanisme public de prise en charge de ceux qui ont épuisé les ressources de leurs plans Medisave et Medishield life ou dont les revenus sont trop faibles pour alimenter correctement Medisave. Il prend aussi en charge les salariés en début de carrière qui n'ont pas cotisé assez pour avoir accumulé les fonds suffisants dans Medisave. Le système propose les soins les moins onéreux en fonction de l'état de santé du patient et de sa situation économique.

Au-delà des 3 M, il existe un mécanisme baptisé Eldershield qui est une forme d'assurance dépendance couvrant les frais d'une maison de retraite. Les citoyens qui ont un compte Medisave sont automatiquement inscrits dans Eldershield quand ils atteignent l'âge de 40 ans, à moins qu'ils ne renoncent expressément à ce système. Eldershield est géré par trois sociétés d'assurance et compte aujourd'hui plus d'un million d'assurés.

À côté du secteur public existe un secteur hospitalier privé dominé par deux grands groupes, Parkway Pantai et Raffles Medical Group, qui sont challengés en termes de tarifs comme de compétences par le service public. La différence entre hôpitaux publics et privés ne se fait pas sur la qualité des soins mais sur les conditions d'hébergement. Dans les hôpitaux publics, on trouve encore des salles communes sans air conditionné alors même qu'existent des chambres individuelles parfaitement modernes. Dans les hôpitaux et les cliniques privées, l'hébergement est particulièrement soigné avec des chambres qui peuvent se comparer aux suites d'un hôtel 5 étoiles. Ces hôpitaux et cliniques privés sont fréquentés soit par des Singapouriens très fortunés, soit beaucoup plus souvent par des étrangers dans le cadre d'un tourisme médical très important à Singapour. Nombre de patients fortunés d'Asie du Sud-Est, voire des États-Unis ou d'Australie, viennent se faire opérer à Singapour.

L'assurance privée au sens où nous l'entendons existe et elle est de fait réservée aux travailleurs étrangers, nombreux à Singapour. Toutes les entreprises d'une certaine dimension offrent des assurances collectives à leurs salariés qui, parce qu'ils sont expatriés, ne bénéficient pas du système d'assurance étatique. Les grands assureurs santé internationaux sont présents et proposent des garanties au premier euro avec des plafonds annuels de couverture qui varient selon le risque et le prix du contrat.

Vues des acteurs d'aujourd'hui

Dans la logique qui nous a conduit à interroger des personnalités témoins des évolutions de la Sécurité sociale au cours des dernières décennies, nous avons demandé à des responsables, aujourd'hui aux commandes de sociétés d'assurances, de mutuelles santé ou d'institutions de prévoyance, leur opinion sur le système actuel et notamment sur l'équilibre entre Sécurité sociale et organismes complémentaires.

On trouvera ci-après les contributions de :

- *Quentin Bériot, Directeur Général d'UNEO.*

- *Arnaud Chneiweiss, Médiateur de l'assurance.*

- *Pierre François, CEO Health and Protection chez Swiss Life Prévoyance.*

- *Bruno Gabellieri, Secrétaire Général de l'Association Européenne des Institutions de Prévoyance.*

- *Stéphane Junique, Président d'Harmonie Mutuelle.*

- *Philippe Mixe, Président de la Fnim.*

- *André Renaudin, Directeur Général de AG2R la Mondiale.*

- *Jean Sammut, Président de la Mutuelle Les Solidaires.*

- Djamel Souami, Président du CTIP, Président de l'UDAP CFE-CGC, Directeur Associé de Micropole.

- Jean-François Tripodi, Directeur Général de Carte Blanche Partenaires.

Chaque contribution a été rédigée soit par son signataire et reproduite intégralement sans modifications, soit par Jean-Pierre Daniel après entrevue et validation par le signataire. Le respect dû à l'expression des auteurs explique la diversité des angles d'approche, de longueur et de style des contributions.

La fonction des contributeurs reprise ici est celle qui apparaît en majeur sur leur profil dans les réseaux sociaux. Mais tous sont impliqués, bien au-delà, dans diverses autres structures majeures de l'univers de la protection sociale complémentaire.

Nous les remercions, une fois encore, d'avoir accepté de se plier au jeu.

Contribution de Quentin Bériot

Directeur Général d'UNEO

Le COVID pose la question des solidarités intergénérationnelles et sociales.

Comment associer nos concitoyens à des choix de société devenus indispensables ?

Les concepts se multiplient, se mélangent, se bousculent, s'opposent souvent : concurrence assurancielle, protection sociale, individualisation, mutualisation, pour ne citer que les têtes de chapitres. Nous assistons, impuissants, à la destruction d'une solidarité intermédiaire que nous avons tissée ces 70 dernières années : standardisation des solutions au moyen des contrats responsables, fin des clauses de désignations, et bientôt la résiliation infra-annuelle. Mais le plus surprenant, c'est le silence généralisé : aucune voix ne s'élève publiquement, ni parmi nos politiques ni parmi nos relais d'opinion. Comme si la protection sociale n'était déjà plus un élément de notre patrimoine social commun ?

Les paroles sont rassurantes sur l'utilité et la pérennité des complémentaires (retraites, comme santé) et ont endormi ces acteurs historiques, plus portés à s'intéresser aux problématiques concurrentielles sur le marché qu'à la pérennité de leurs principes de solidarité et de ce que l'on appelle le *vivre ensemble*. Chacun comprend en son for intérieur la nécessité de réformer. Mais, entre des adjectifs porteurs de concepts hermétiques tels que *structurel* et *conjoncturel*, *paramétrique* et *systémique*, quel citoyen est en mesure de se représenter ou d'expliquer le projet sur les retraites ? Et, dans un autre registre, peut-on, dès lors que l'on aborde des sujets aussi complexes – et surtout intergénérationnels –, continuer à laisser toute la place à des discours simplistes, tels que le *petit* risque et le *gros* risque ?

Bien sûr, il est acceptable et nécessaire d'imaginer de nouveaux systèmes de retraite et de santé profitables à tous et il est aisément compréhensible que les remises en cause chahutent nos représentations et nos acquis. Cependant, il est inacceptable que les réformes soient imposées sans que nous, citoyens, soyons véritablement associés au débat. Et cela ne concerne plus seulement les retraites mais aussi, aujourd'hui, la santé et, demain, la dépendance. Après les verts, les bonnets rouges, les gilets jaunes, les black blocks de la retraite, attendons-nous que notre pays s'enflamme à nouveau en tenue arc-en-ciel ? Comment nos concitoyens peuvent-ils comprendre, et par conséquent accepter, des réformes aussi essentielles qu'elles touchent la structure de notre société ?

L'objectif n'est jamais clairement exprimé, mais ces réformes aboutissent, de fait, à un résultat : le recentrage autour de l'État, seul garant de la solidarité et gestionnaire de la protection sociale… avec pour conséquence l'affaiblissement des solidarités intermédiaires issues des complémentaires Retraites et Santé.

La création de la *complémentaire unique d'État* en est une illustration. La toute nouvelle Complémentaire Santé Solidaire (CSS) se positionne comme un véritable organisme assureur qui délègue sa gestion aux OCAM traditionnels. D'où une salve de questions justifiées. Dispose-t-elle d'un agrément ? Est-elle supervisée par l'ACPR ? Où va-t-elle puiser sa solvabilité ? Au-delà de ces incertitudes techniques, une question de fond : la finalité de la CSS a-t-elle été précisément définie et évaluée en termes de résultats concrets ? Un opérateur unique d'État serait-il finalement plus efficace qu'une diversité d'opérateurs pour répondre à des attentes diverses de populations spécifiques telles que les militaires ou des salariés de l'agro-alimentaire ? Quel projet politique se dessine sur le long terme et quels intérêts y trouveraient les assurés ? En définitive, qui doit décider de ce projet de société ?

L'après COVID 19 renforce cette prééminence de l'État qui s'impose comme seul apte à gérer la crise, et met crûment en évidence la question de l'intergénérationnel et des inégalités médico-sociales. En effet, la mortalité est accrue par deux facteurs : l'âge d'une part (93 % des décès se situent chez les plus de 65 ans) et les comorbidités (qui sont associées à 84 % des décès). Les coûts du confinement seront essentiellement supportés par les jeunes générations, alors même qu'ils ne sont pas concernés par ces dépenses.

Sur ces sujets de retraite et de santé, les questions sont posées par les technocrates et les « experts », mais le débat citoyen est inexistant. Et, en quelque sujet que ce soit, rien ne prouve qu'une assemblée non représentative de l'ensemble d'une population soit capable de soulever tous les aspects des problèmes qui la touchent dans sa diversité, ses attentes, ses besoins concrets, et surtout soit en mesure de susciter l'adhésion à ces sujets si fondamentaux. Aussi, au-delà des convictions qui nous animent individuellement, la multiplicité des contestations auxquelles nous faisons face devrait conduire à inclure *l'association de nos concitoyens* dans la méthodologie destinée à réformer notre protection sociale. Cette dernière constituant l'un des derniers creusets de la solidarité, est-il normal que, dans une démocratie affirmée, ses évolutions soient le fruit de la seule décision politique ?

Nous avons donc un devoir de débat, d'une part, et de pédagogie, d'autre part.

Devoir de débats, car c'est de la *confrontation*, véritable frottement des forces et ferment d'idées, que naît la compréhension de l'autre et que se forgent des représentations partagées favorisant cette aspiration naturelle de toute société, *vivre ensemble* harmonieusement. Notre pays compte de nombreux experts légitimes sur ces sujets – chacun ayant, bien entendu, ses spécialités, ses préoccupations… mais aussi des idées ! Une réflexion commune à laquelle participeraient des hommes politiques choisis pour leur compétence en ce domaine précis, des professionnels de santé investis sur ces questions, des patients experts, des assureurs, des représentants de l'État et de la société civile – cette variété de points de vue enrichirait la réflexion, ouvrirait des horizons, pointerait les éventuels écueils.

Devoir de pédagogie car, pour la quasi-totalité de nos concitoyens, les concepts et le vocabulaire technocratiques enrobent les sujets d'un épais brouillard. Pour accepter un changement, il faut se le représenter dans la réalité et en comprendre la nécessité ou l'intérêt. Que peut bien signifier le chômage pour un jeune adolescent qui sera sur le marché du travail dans 5 ans ? D'ailleurs, sera-t-il salarié ? Et s'il ne l'est pas, ses préoccupations seront plus probablement axées sur ses choix de prévoyance en cas d'arrêt de travail et d'épargne. Le travail sur les concepts nécessite des mots et des propositions suffisamment définis pour être assimilés de façon concrète... Du moins si l'on veut passer d'un " ressenti " (qui n'est autre que la projection des représentations individuelles et subjectives) à une nouvelle représentation comprise, admise et partagée.

D'où une première proposition : dans le même esprit que celui qui a inspiré la Convention Citoyenne pour le Climat, pourquoi ne pas réunir toutes ces parties prenantes lors d'une Convention de la Protection Sociale pour leur donner enfin la parole – et les écouter ! Cette convention rassemblerait un panel représentant la diversité de nos concitoyens afin que toute la population puisse se sentir concernée, retraités comme boomers et toutes les générations de X à Z. Cette Convention pourrait proposer, en se donnant 2040 pour horizon, des scénarios d'avenir clairement explicables parce qu'ils auront été débattus. Ainsi pourraient-ils permettre aux citoyens de se prononcer sur des scénarios argumentés et défendus par des personnes dont la compétence professionnelle et l'intégrité éthique sont reconnues.

Les Français ont du bon sens. Encore faut-il les informer, les motiver, les impliquer. Cette approche motivante et participative éviterait de revivre une crise semblable à celle qui a suivi la réforme des retraites. Les vertus de la transparence et du travail commun ne sont plus à démontrer… Reste à les vouloir et à les organiser.

Contribution d'Arnaud Chneiweiss

Médiateur de l'assurance

Cette contribution a été écrite alors qu'Arnaud Chneiweiss était délégué général de la Fédération Française de l'Assurance. Il est aujourd'hui médiateur de l'assurance.

Est-ce qu'aujourd'hui notre système de remboursement des frais de santé n'est pas « le pire d'Europe », faute d'avoir clairement choisi entre le tout-État et une délégation de gestion aux assurances privées ?

Les complémentaires santé ont pris une importance cruciale dans les remboursements de soins (financeur principal sur l'optique, le dentaire et l'audio-prothèse, si bien « qu'on ne peut pas s'en passer » et que quasiment toute la population est couverte par une « mutuelle »). Pourtant, elles ne cessent d'être contestées, quelle que soit la couleur politique des gouvernements. Depuis des années, l'État ne cesse de vouloir restreindre leurs marges de liberté, avec l'idée que ce secteur d'activité ne saurait être « laissé aux règles du marché ».

Au point où nous en sommes arrivés de contraintes pesant sur les complémentaires santé, la question est de savoir si l'on va vers une étatisation totale de la gestion de la santé ou si on laisse une place au secteur privé.

La logique de l'étatisation, à l'œuvre depuis des années, s'appuie d'abord sur un argument philosophique et politique. La santé serait un domaine « sacré » dont la gestion ne pourrait être laissée aux acteurs privés. L'autre argument est économique et rationnel par rapport à la situation présente : est-il logique qu'une même dépense soit remboursée par deux acteurs, la Sécurité sociale et une complémentaire santé, sachant que l'un des deux contribue beaucoup plus que l'autre (80 % pour l'Assurance Maladie Obligatoire, 13,5 % pour les complémentaires) qui se contente de rembourser ce que le premier a décidé de ne pas rembourser, sans avoir d'avis sur la pertinence des traitements ?

Une étatisation – qui entraînerait donc la disparition des mutuelles santé comme de l'activité santé des assureurs et des institutions de prévoyance – se traduirait au moins facialement par une diminution des frais de gestion, puisqu'aujourd'hui assureurs et mutuelles ont par définition des frais de commercialisation alors que la Sécurité sociale a une clientèle captive.

L'inconvénient d'une étatisation totale est que l'Histoire montre peu d'exemples où un État qui ne serait challengé par aucun acteur se montrerait plus performant qu'un système où existerait une dose de concurrence. Ajoutons que la centralisation profondément ancrée dans la culture de l'Administration française ne peut qu'accroître ce manque d'efficience qui résulterait d'une étatisation totale – la crise sanitaire du Covid ne nous rassure pas quant à la manière dont le système de santé public s'était préparé à une possible pandémie.

Si l'on écarte cette idée d'un accroissement du rôle de la Sécurité sociale, on peut imaginer d'améliorer le système actuel en organisant une cohabitation. Depuis des années, les organismes complémentaires voient leur rôle progressivement restreint. Ils sont de plus en plus de simples sous-traitants du régime général et leur liberté d'action est sans cesse réduite. Les contrats « responsables », qui sont l'instrument de contrôle de l'État, imposent les garanties qu'ils doivent offrir. Les taxes sur ces contrats sont passées en 15 ans de 2 % à environ 14 %. Mais pour ceux qui voudraient quitter le carcan du contrat responsable, elles sont plus élevées de 7 points et l'État peut toujours accroître cet écart. Par ailleurs, le gouvernement menace régulièrement de plafonner les frais de gestion et demande une transparence de gestion qui ne s'applique à aucune autre entreprise privée.

Ces dernières années, chaque fois que les complémentaires santé ont voulu innover (développement de la télémédecine, valorisation accrue de leurs réseaux de soins), elles ont été immédiatement encadrées.

Rappelons que la loi (dite « Le Roux ») interdit aux complémentaires santé de mettre en place des réseaux de médecins comme ils ont mis en place des réseaux d'opticiens. Les syndicats de médecins s'opposent fortement à une telle idée. Pourtant ces réseaux existent en Espagne (où l'espérance de vie est supérieure à la nôtre) et en Allemagne, pays partageant nos valeurs. Et les réseaux de soins mis en place sur l'optique, par exemple, ont montré leur utilité pour réduire le reste à charge des ménages, un rapport de l'IGAS l'a montré il y a quelques années.

Les organismes complémentaires pourraient également aider à développer la télémédecine – la crise du Covid 19 en a démontré l'utilité – et mener des programmes d'éducation thérapeutique avec des professionnels de santé – ce qui là encore n'est pas possible aujourd'hui.

Ces freins permanents à l'innovation découragent et certains organismes complémentaires envisagent de trouver ailleurs que dans le domaine de l'assurance maladie les voies de l'expansion pour leurs entreprises, d'autant que la profitabilité est faible sur la santé individuelle, et souvent absente sur la santé collective.

La crise sanitaire liée à la pandémie va peut-être forcer à affronter enfin des questions connues depuis longtemps mais qu'aucun gouvernement n'a eu le courage d'aborder. Pourtant, tout le monde ou presque s'accorde sur le fait que notre système de remboursement des soins est peu efficace et qu'une clarification des rôles entre ce qui relève de la sphère publique et de la sphère privée serait bienvenue.

Trois scénarios d'évolution sont possibles :

- aller vers la totale étatisation du système. Ce scénario est peu crédible vu l'état des finances publiques et peu souhaitable en termes d'efficacité ;
- le statu quo : on garde l'enchevêtrement actuel. Il n'est pas optimal en termes d'efficacité mais on considère qu'il est trop complexe de s'y attaquer. Il faut alors au moins aider au développement de la télémédecine et laisser les complémentaires

santé développer des réseaux de médecins et l'éducation thérapeutique avec des professionnels de santé ;

- délimiter clairement les rôles entre secteurs public et privé, en confiant à ce dernier la pleine gestion des trois domaines où il est déjà le financeur majoritaire (optique, dentaire, audio-prothèse) et en permettant le développement des réseaux de professionnels, chez les dentistes notamment. Les complémentaires santé ne rembourseraient rien en dehors de ces trois domaines, les périmètres respectifs pouvant évoluer au fil du temps.

Contribution de Pierre François

CEO Health and Protection chez Swiss Life Prévoyance

En matière de santé, la tension essentielle est entre trois critères : la responsabilité, la solidarité et l'utilité. La France a fait le choix de la solidarité alors qu'il faudrait s'obliger à regarder avec autant d'attention les deux autres critères, responsabilité et utilité.

Le système français est essentiellement solidaire et s'interdit de regarder les critères de responsabilité et d'utilité. Il n'est pas question de traiter différemment la personne qui a un cancer du poumon après avoir fumé toute sa vie et celle qui a le même cancer sans jamais avoir touché une cigarette. La jurisprudence fournit un exemple bien connu : quand Allianz a voulu plaider contre la CNAM qui remboursait le coût des appareils contre l'apnée du sommeil à des patients qui ne les utilisaient pas. L'affaire est allée jusqu'en Cassation et c'est Allianz qui a perdu. Il faut rembourser ces appareils même si les patients ne les utilisent pas.

S'agissant du principe d'utilité, en France on ne se pose pas de question s'il faut administrer un traitement extrêmement coûteux à un patient très âgé dont l'espérance de vie est, par hypothèse, limitée. D'autre pays comme le Royaume-Uni ont une vision plus utilitariste.

Si l'on aborde la question de l'hôpital, on entend toujours le discours selon lequel l'hôpital n'a pas de moyens. Le problème n'est pas celui d'une absence de moyens mais d'une absence de management. Les chefs de services ne sont pas des « chefs » au sens commun du terme et ils ne réfléchissent pas à l'organisation de leurs services. Les mots « responsabilité » et « efficacité » sont tabous. Les cliniques privées sont soumises à des contraintes très proches de celles qui pèsent sur les hôpitaux publics, et pourtant elles sont rentables tout en apportant un bon service aux patients.

La question est de savoir si face à cette situation, les complémentaires pourraient avoir un véritable rôle à jouer pour améliorer l'efficience du système. Aujourd'hui, même quand elles remboursent l'essentiel des coûts comme en optique, elles n'ont pas leur mot à dire sur la définition des paniers de soins.

Sur certains risques comme le dentaire, l'optique ou l'audio-prothèse où les organismes complémentaires sont les principaux payeurs, on pourrait imaginer un retrait total de la Sécurité sociale. L'État fixerait un certain nombre de règles qui permettraient de garantir le principe de solidarité et laisserait agir les organismes complémentaires qui cesseraient d'être complémentaires pour intervenir au premier euro. Les assureurs devraient garantir l'accès aux soins à tous tout en ayant la liberté de contracter directement avec les trois familles de professionnels concernés. Tout ceci dans le cadre de règles fixées par l'État. Si l'accès aux prestations devrait rester universel, en revanche il devrait être possible de calibrer les cotisations de manière à piloter le risque dans le sens d'une plus grande responsabilisation des clients. On peut, par exemple, imaginer des niveaux de franchises, différents selon les niveaux de revenus ou des subventions versées par l'État aux assurés aux ressources précaires. Les assureurs pourraient fixer leur prix dans un contexte concurrentiel qui favoriserait la baisse des coûts, mais surtout ils pourraient entrer en négociation avec les dentistes, les opticiens et les audio-prothésistes afin d'obtenir de meilleures conditions de prix et de qualité.

Cette situation, où les assureurs agissent librement et dans un contexte concurrentiel à l'intérieur d'un cadre législatif fixé par l'État, est une situation classique dont le bon exemple peut être l'assurance automobile. L'indemnisation des victimes d'accidents corporels est extrêmement encadrée par la puissance publique, mais elle est gérée par les assureurs qui organisent comme ils l'entendent leurs relations avec les différents acteurs qui concourent à l'indemnisation.

Une telle délégation à des acteurs privés astreints à des critères de bonne gestion et de solidarité serait le moyen de parvenir à contrôler l'action des fournisseurs de santé, qu'il s'agisse des médecins, des dentistes ou des opticiens. Les niveaux de rémunération de certains d'entre eux sont tout simplement inacceptables, d'autant plus qu'ils sont aujourd'hui financés par la collectivité via la Sécurité sociale ou les cotisations des contrats maladie. Les assureurs auraient alors la possibilité, par la négociation, de mettre un peu d'ordre – voire de morale – dans un système qui fonctionne aujourd'hui au seul bénéfice des professionnels de santé. Lorsque les assureurs ont traité avec les carrossiers pour créer les garages agréés, ils ont sensiblement baissé le coût des réparations. Il est vrai que des carrosseries peu performantes – qui profitaient d'une rente de situation – ont disparu, mais le marché n'a pas connu la pénurie. Les réseaux pour le dentaire ou l'optique ont permis de rationaliser – en partie – le marché et de limiter les prix – ou les abus – sans conduire les opticiens et les dentistes à la faillite même si leur existence et leur légitimité sont régulièrement contestées.

Cette voie qui laisse aux assureurs une liberté d'agir – dans le cadre de règles établies par l'État – et de rentabiliser leurs interventions est la seule qui permettrait à ces derniers de jouer un rôle actif dans l'organisation du système de santé français, où ils sont aujourd'hui largement cantonnés au rôle de payeurs aveugles.

Contribution de Bruno Gabellieri

Secrétaire Général de l'Association Européenne des Institutions de Prévoyance

On ne peut que constater – et regretter – l'abandon des principes chers à Pierre Laroque. La rupture est totale avec les principes de 1945 qui se référaient à une sécurité sociale offrant une garantie santé globale, mutualisée et sans critères de sélection. Depuis plusieurs décennies, la Sécurité sociale – et plus largement l'État – font preuve d'impérialisme en réduisant autant que possible le rôle des institutions mutualistes ou paritaires. On le voit avec la gestion de la CMU ou la reprise en main des régimes de sécurité sociale des indépendants ou des étudiants. Mais parallèlement, la Sécurité sociale réduit le volume de ses prises en charge et, ce faisant, renvoie aux régimes complémentaires le remboursement de ce qu'elle ne souhaite plus rembourser.

Cette évolution met en péril le concept même de sécurité sociale au sens où l'entendait Pierre Laroque. On peut s'interroger sur le sens de cette perspective qui risque d'aboutir à une médecine à deux vitesses, l'une pour les riches qui ont les moyens de se payer des assurances complémentaires, et une autre pour les pauvres qui n'en n'ont pas les moyens. Il ne s'agit nullement d'une hypothèse d'école : c'est ce que l'on observe dans plusieurs pays voisins comme le Royaume-Uni, l'Italie et l'Espagne où les défaillances du système de santé public et obligatoire ont donné naissance à des systèmes privés substitutifs du système public.

Depuis l'époque de Philippe Séguin et de Simone Veil, et avec beaucoup de persévérance, les acteurs publics, l'Administration *stricto sensu* ou les organismes de gestion de la Sécurité sociale s'efforcent de mettre l'ensemble des dépenses sociales sous le contrôle de l'État. Les partenaires sociaux ont progressivement été écartés des organes de gestion, et ce sont désormais les politiques et surtout les fonctionnaires qui sont à la manœuvre. Le fait que le PLFSS soit voté par le Parlement marque l'aboutissement de cette évolution.

Cet impérialisme n'est pas que financier. Il s'exprime aussi par la voie de la régulation qui impose aux mutuelles et aux institutions paritaires des obligations chaque jour plus contraignantes alors que le désengagement de la Sécurité sociale que l'on vient d'évoquer rend leur intervention indispensable. L'imagination dont elles pourraient faire preuve en termes de produits et de garanties est réduite à néant par des initiatives comme le panier de soins ou les contrats responsables qui restreignent leur liberté d'action. Et leur soumission aux règles prudentielles qui s'appliquent aux sociétés d'assurance se traduit par une frénésie régulatrice totalement contre-productive. Soumettre pratiquement aux mêmes obligations une petite mutuelle qui pratique au niveau local l'assurance complémentaire santé et une grande société d'assurance qui garantit dans le monde entier des risques industriels ou spatiaux n'a aucun sens. On peut se demander si l'objectif réel des régulateurs qui imposent ces normes n'est pas tout simplement de faire disparaître ces petits acteurs. Ils diminueraient ainsi le nombre de leurs interlocuteurs et ne traiteraient plus qu'avec un nombre réduit de grands groupes, où ils rencontreraient des dirigeants issus des mêmes écoles et comme eux ignorants des réalités du terrain. Les concepts de mutualisme et de solidarité chers à Pierre Laroque semblent bien lointains.

Cette lame de fond vers une étatisation est forte, mais sa force même peut engendrer une évolution contraire, voire une révolution. Ces principes de solidarité sont profondément ancrés dans la mentalité collective et l'on peut penser que cette uniformisation provoquera une réaction qui traduira le besoin d'une solidarité plus authentique. Face à de grands acteurs mutualistes ou paritaires qui s'identifient de plus en plus aux sociétés d'assurance traditionnelles, on verra des mouvements spontanés de réinvention de la solidarité. Le succès des mutuelles communales est peut-être un signe précurseur de cette évolution. Elles traduisent une recherche de proximité géographique qui a longtemps été l'une des raisons d'être des mutuelles, et de solidarité puisque la tarification est identique pour tous. L'autre facteur de solidarité, qui retrouvera sa raison d'être, est l'appartenance à une même entreprise ou à un même secteur d'activité. Là encore il n'est pas certain que le gigantisme soit la seule voie d'avenir pour les institutions paritaires, et l'on imagine que des mutuelles professionnelles ancrées dans un seul secteur où les sociétaires s'identifieront reviendront au goût du jour.

Ainsi, si aujourd'hui la tendance à l'uniformisation des traitements des mutuelles et des institutions de prévoyance avec les sociétés d'assurance est dominante, on peut penser – et espérer – que dans les années qui viennent, une réaction se fasse jour qui remette au goût du jour les principes de solidarité qui fondèrent la Sécurité sociale au lendemain de la guerre.

Contribution de Stéphane Junique

Président d'Harmonie Mutuelle

2020…
Une année exceptionnelle par les bouleverse-
ments qui se sont produits dans nos vies. Exceptionnelle parce qu'elle pourrait bien être ce
moment charnière pour l'évolution de la protection sociale que les auteurs évoquent.

Imprévisible, inévitable, la propagation d'un virus
(Covid-19) a bousculé l'organisation de nombreux pays parmi lesquels les premières puis-
sances mondiales recentrées sur les besoins
vitaux : protéger, nourrir et soigner. Plusieurs mil-
liards d'individus sur la planète ont été contraints
d'adopter de nouveaux modes de vie et de rester
chez eux pour limiter la diffusion du virus. Écoles,
commerces, entreprises ont pour la plupart
fermé, voire cessé toute activité. Mais plus que
tout autre secteur, ce virus a bousculé avec une
force considérable celui de la santé dont on sait
qu'il fait face à de profondes tensions.

Si ces dernières années les maladies chroniques
et le vieillissement de la population ont occupé
une place importante dans l'actualité, cette crise
sanitaire nous rappelle avec vigueur que les ma-

ladies infectieuses persistent malgré l'amélioration des conditions de vie et les progrès scienti-
fiques. Plus encore, elle nous impose une prise
de conscience, une leçon d'humilité quant à leur
dangerosité pour une société comme la nôtre qui
connaît l'allongement de l'espérance de vie, la
multiplication des pathologies chroniques, des
modes de vie et de déplacements intensifs, la
persistance des inégalités et les changements
environnementaux, autant de facteurs de fragilité
face à un virus.

Cette crise nous a tous touchés, individuellement
et collectivement. Le Président de la République
l'a affirmé, « *la santé n'a pas de prix* », « *beaucoup de certitudes* (…) *seront remises en cause* »,
la solidarité devra se vivre d'une manière totalement inédite. En cela, cette période doit être le
point de départ d'un profond changement, nécessaire mais trop souvent repoussé. D'abord parce
que cette crise a exacerbé les inégalités quoti-
diennes, entre ceux qui ont un toit et ceux qui
n'en ont pas, entre ceux qui travaillent, ceux qui
télétravaillent et ceux qui n'ont plus de travail,
entre ceux qui vivent en ville à proximité de
structures de soins et ceux qui en sont éloignés,
ceux qui sont isolés et ceux qui sont entourés,
ceux qui sont protégés par leur statut et ceux,
indépendants, chômeurs, qui ne savent pas de
quoi demain sera fait. Ensuite, parce qu'elle a

révélé la santé comme un bien collectif précieux pour la société auquel il faut redonner la priorité. Français, nous avons cette chance d'avoir un système de protection sociale parmi les plus efficaces et solidaires du monde. Contrairement aux États-Unis, perdre son travail ne signifie pas perdre sa couverture santé, à condition même d'en avoir une. Mais il nous faut regarder la situation en face, notre système n'est pas sans failles. Si des mécanismes exceptionnels d'indemnisation et de solidarité ont été élaborés en urgence pour les plus fragiles socialement et économiquement, ils sont temporaires. Cette situation doit nous questionner. Il est de notre devoir que cette crise ne reste pas une parenthèse dans nos vies, le souvenir d'un épisode dramatique, mais amorce une transformation profonde. Ensemble, il nous faut repenser ce qui fait le ciment de notre société : la solidarité, la santé, la cohésion sociale et les protections.

La santé, un investissement pour l'avenir

Trop souvent, la santé est concurrencée par des logiques économiques : son coût pour la collectivité, sa part dans les dépenses publiques, pour les individus le montant des remboursements. Autant de freins à son développement et au recours aux soins pour certaines populations. Or, la santé ne peut se voir imposer ces logiques pour seuls arbitres. Elle n'est pas un bien de consommation, mais bel et bien un droit. Il en va de notre responsabilité collective de veiller à ce que chacun puisse y avoir accès. En cela, la santé doit être réinvestie comme un bien commun, et ainsi être protégée des logiques économiques et de marché.

Le mouvement des gilets jaunes a été le révélateur de l'importance grandissante de la santé dans les débats citoyens, de sa place parmi les préoccupations des Français. Largement abordée lors des élections municipales, elle est plus que jamais reconnue comme un enjeu social, sociétal et citoyen majeur pour notre société, dénominateur commun de nombreux défis : inégalités sociales et territoriales, vieillissement de la population, emploi et travail, logement et habitat, changements climatiques, mondialisation, etc. En cela, il est essentiel de lui redonner toute sa place dans les débats, dans les prises de décisions, dans les stratégies d'aujourd'hui et de demain. Mais il est tout aussi fondamental d'adapter notre système de santé et de protection sociale à ces nouveaux défis pour trouver des réponses globales, et probablement changer de paradigme.

Pour que demain ne ressemble pas à hier, pour qu'une nouvelle crise ne produise pas les mêmes effets, pour que chacun se sente en sécurité dans un monde parfois instable, il nous faut bâtir cette société du *care* que nous, mutualistes, défendons. Une société qui placera la santé comme un investissement pour l'avenir et non comme une charge, qui l'expérimentera dans toutes ses dimensions : la prévention, le soin et l'accompagnement, et qui ne la limitera pas à sa dimension assurancielle.

Faire de l'anticipation et de la solidarité des leviers de protection

Nous ne sommes pas égaux face à cette crise. Soignants, indépendants, chômeurs, salariés, retraités, résidants d'EHPAD, personnes isolées, chefs d'entreprise, la situation a imposé une adaptation massive et sans délais. Si nous avons tous été touchés, nous l'avons été à des degrés divers. En cela, la crise nous aura livré une seconde leçon : il nous faut retrouver le sens de l'expression « être prévoyant », retrouver une culture de la prévoyance. Certes, anticiper ne permet pas d'éviter, mais d'adoucir, de se prémunir, de ne pas se trouver seul lorsque l'événement redouté survient. Face aux vulnérabilités, il nous faut trouver de nouvelles réponses, de nouvelles solidarités qui ne dépendront pas seulement des individus, de la solidarité familiale, de la solidarité nationale ou des acteurs privés, lucratifs et non lucratifs, mais de coopérations pensées ensemble et pour l'avenir.

Notre système de protection sociale a été bâti sur le principe de solidarité qui fait sa force. C'est ce même principe qui doit continuer de nous guider, être conforté, ne plus se limiter à un simple saupoudrage visant à colmater les brèches d'une société fracturée. Nous y concourons tous, mais encore faut-il reconnaître la place et la valeur de chacun. Les mutuelles sont des maillons de la solidarité nationale et de l'accès à la santé pour tous, d'abord en soutenant la PUMa, puis en participant à la CMU-C et à l'ACS, plus récemment en se positionnant comme les principaux opérateurs de la Complémentaire Santé Solidaire. Pour autant, elles ne sont pas des assureurs comme les autres et ne sont solubles ni dans l'assurance maladie ni dans l'assurance. Les mutuelles ont su bâtir un modèle performant socialement et économiquement. Capable de justice et de progrès social, celui-ci mobilise de véritables dispositifs de redistribution permettant de modérer l'augmentation des cotisations (voire de les geler), d'anticiper des dispositifs publics tels que le reste à charge zéro, de proposer des produits et services de qualité à des tarifs maîtrisés sur l'ensemble du territoire mais également de mener des stratégies d'investissement de long terme sur des champs directement connectés à la santé et en lien avec les grands défis de notre siècle : la petite enfance, le maintien de l'autonomie, les handicaps, etc. Les engagements des mutuelles pour agir en proximité, porter de l'innovation, faire vivre les solidarités, construire des solutions durables et humaines, rendre la santé accessible à tous sont réels et c'est ce dont notre société a plus que jamais besoin. Nous continuerons sur cette voie et appelons de nos vœux des transformations en ce sens.

Réinvestir la santé et la protection sociale comme des sujets de citoyenneté active

L'affaiblissement des institutions de démocratie représentative que nous constatons, loin de signifier l'affaiblissement de la démocratie elle-même, appelle fortement son renouvellement. Les citoyens sont d'ailleurs souvent les premiers acteurs de nouvelles formes de démocratie et font de plus en plus de la santé un sujet de débat. Car effectivement, la santé et la protection sociale sont avant tout une affaire de citoyenneté. Le mouvement des gilets jaunes, les élections municipales, le Ségur de la santé sont des exemples récents de cette montée en puissance de la santé dans les revendications des individus et les échanges citoyens comme institutionnels. Mais encore faut-il reconnaître une vraie place à ces expressions et créer les conditions d'une confiance réciproque pour en faire des leviers de transformation !

Si notre temps appelle de nouvelles solidarités, il appelle aussi de nouvelles formes d'expression de la démocratie, plus directe, plus participative, plus décentralisée et ouverte à tous. Ouverte pour ne laisser personne de côté, particulièrement les personnes isolées. Ouverte parce qu'ensemble, avec les acteurs publics, les associations, les professionnels de santé, nous pouvons expérimenter autour de la santé et porter de vraies transformations. Le terrain est le lieu de l'innovation et les acteurs disposent d'une réelle puissance d'agir. Le modèle démocratique et l'ancrage territorial, qui font l'originalité et la force des mutuelles, sont des atouts considérables pour cela. Aux côtés et à l'écoute des adhérents et de leurs représentants, nous pouvons penser de nouvelles formes de militantisme, d'engagement et d'action collective autour de la santé, penser l'avenir autrement, imaginer des solutions nouvelles en gardant vivants les valeurs et les principes qui nous servent de boussole.

Notre époque connaît des mutations profondes, certains repères se brouillent, des certitudes sont mises à mal. Nous sommes à ce moment charnière. C'est maintenant qu'il faut penser l'avenir, envisager de nouveaux horizons pour la santé et la protection sociale, imaginer de nouvelles solutions qui ne soient pas seulement assurancielles, et probablement faire évoluer notre vision de ce que doit être la protection sociale du 21e siècle. Tout ne sera pas à réinventer, mais de nouvelles convictions doivent émerger pour relever le défi.

Contribution de Philippe Mixe

Président de la Fnim

Nous, les mutualistes, nous ne faisons pas le même métier que les assureurs ou tout au moins nous le faisons différemment. La santé est un risque court pour lequel constituer le niveau de réserves qu'on nous impose n'a pas de sens, et nous n'avons pas d'objectifs de rentabilité à court terme. Notre but n'est pas de conquérir des parts de marché ou de nous développer via de la croissance externe, mais d'organiser de nouvelles solidarités. À la Fnim, nous nous situons pleinement dans l'économie sociale et solidaire et ses valeurs, ce qui n'est bien sûr pas le cas de tous les acteurs, même parfois mutualistes, hélas. Certaines structures organisent la solidarité au sein de segments restreints de la population, et s'adressent soit à des publics plutôt actifs et jeunes, donc globalement en bonne santé, soit à ceux dont les revenus sont assurés. Ce faisant, elles laissent sur le bord de la route des pans entiers de la population qui ne sont pas de bons risques ou qui sont moins solvables.

Par ailleurs, imposer aux mutuelles les normes règlementaires et prudentielles qui sont celles de l'assurance, et nous confronter à la concurrence d'acteurs non mutualistes, nous contraint souvent malheureusement à la segmentation de notre portefeuille et nous empêche de faire complètement l'œuvre de solidarité qui est notre raison d'être. On est loin de l'époque où les mutuelles proposaient une seule cotisation, quels que soient l'âge et la composition familiale de l'adhérent. La course au prix bas, à laquelle nous contraignent les pouvoirs publics, nous a amenés à cette segmentation et à proposer des tarifs par tranches d'âge. Dès lors que ce mouvement a été amorcé, il devenait impossible de l'arrêter : peu de jeunes de 25 ans acceptent aujourd'hui de payer plus cher pour nous permettre d'offrir aux plus âgés une cotisation économiquement acceptable.

En outre, la règlementation galopante de nos activités, sûrement légitime pour l'assurance mais beaucoup moins pour les mutuelles, engendre dans la gestion de celles-ci, et notamment des moins grandes, un niveau de complexité qui fait que de nombreux administrateurs sont confrontés à des difficultés quand il s'agit pour eux d'exercer un réel contrôle de la structure. Alors que ces administrateurs élus sont les garants du fonctionnement démocratique de la mutuelle, ils se trouvent de fait placés sous l'influence plus ou moins forte de cadres salariés qui, par leur culture et leur formation, pourraient de surcroît tendre à gérer une mutuelle comme on gère une société d'assurance. Et convenons que tout cela n'est pas étranger au fait que le nombre de mutuelles se réduit comme peau de chagrin depuis des années…

Enfin, l'État, en créant les contrats solidaires et responsables, en définissant la composition de nombreux paniers de soins, en mettant en place le 100% santé et la résiliation infra-annuelle, a considérablement réduit les possibilités pour les mutuelles de faire preuve d'innovation, de créativité ou d'originalité. Sommes-nous encore dans le monde de la « libre prestation de service » ? On peut craindre que non, les offres des mutuelles étant de plus en plus corsetées, ce qui ne va pas dans le sens de l'intérêt de l'adhérent.

Cependant, et c'est heureux, on voit aujourd'hui poindre le retour du besoin d'une vraie mutualisation de proximité. En ce sens, le développement des « mutuelles communales » montre bien que si l'on propose à cette aspiration une vraie réponse, par le biais d'une mutualité plus égalitaire et partagée, avec une offre plus vertueuse, cela peut être compris et apprécié, à condition de faire un travail pédagogique important.

Car hélas la course au bas prix évoquée plus haut contribue aussi à réduire le champ des services innovants que les mutuelles doivent offrir à leurs adhérents si elles veulent se développer et ne pas être de simples suiveurs de l'assurance maladie. Face à cette tendance à la banalisation, qui fait d'ailleurs des mutuelles les plus importantes des clones des sociétés d'assurance, les autres mutuelles, celles qui sont les plus proches de leurs adhérents, ont un devoir d'imagination. Elles doivent offrir à leurs publics des services nouveaux, qui facilitent leur vie quotidienne. La difficulté ici n'est pas la recherche et la mise en place de ces services, mais leur financement dans un contexte concurrentiel où le tarif reste un critère de choix important, ce qui rend de plus en plus difficile de proposer ces services en inclusion. Plus largement, faire de la mutualité dans d'autres domaines que celui de la complémentaire santé est l'enjeu de demain pour nos mutuelles.

Enfin, en observant, au cours de ces dernières années, combien l'assurance maladie s'est attribuée d'activités qui étaient dans le champ d'action des mutuelles, on ne peut que s'inquiéter. Ainsi le régime obligatoire des étudiants ou celui des indépendants, qui étaient gérés par des mutuelles, le sont désormais par elle. Quant à la C2S, son organisation fait qu'elle devient là clairement un de nos concurrents.

Et chacun sait qu'il trotte dans la tête de certains l'idée de mettre en place une complémentaire santé publique pilotée par l'assurance maladie. Si l'on devait en arriver là, devenant un assureur comme un autre, ne devrait-elle pas être alors soumise aux mêmes règles que les mutuelles, et notamment à la directive Solvabilité II ? Ce qui ne serait sûrement pas pour elle une partie de plaisir…

Contribution d'André Renaudin

Directeur Général d'AG2R LA MONDIALE

Quel rôle pour AG2R LA MONDIALE dans le futur de la protection sociale ?

- Alors que la crise sanitaire, économique et sociale du Covid-19 sévit gravement partout dans le monde, il peut paraître difficile de s'exprimer quant au rôle que devrait occuper AG2R LA MONDIALE dans le futur de la protection sociale, tant les incertitudes marquent notre modèle hérité de la création de la Sécurité sociale en 1945. Les nouveaux déficits cumulés dans les régimes sociaux posent à nouveau la question de son financement : la distinction entre impôts des citoyens et cotisations des assurés sociaux s'estompe de plus en plus. Toutefois, face à des défis d'une telle ampleur, nous ne pouvons prendre le risque de nous laisser dépasser : *periculum in mora*[1]. Et pour cause, s'il a été identifié depuis de nombreuses années déjà, le risque pandémique concrétisé, jamais vu dans nos sociétés contemporaines, questionne bien le fonctionnement même de notre système de protection sociale. Momentanément dépassée

---

[1] «Il y a péril en la demeure.»

par un risque exceptionnel, la protection sociale complémentaire voit sa légitimité renouvelée par nos concitoyens qui appellent de toutes parts à plus de solidarité. Alors qu'ils font face à des attentes d'une force jamais atteinte, les assureurs interrogent leur modèle, quelle que soit leur forme juridique.

- Sur quels fondements s'appuyer ? Remettons en perspective nos réflexions au regard de l'Histoire afin d'identifier ce qui constitue la constante de la protection sociale à travers les siècles. Au fondement se trouve l'assurance avec ses mécanismes de probabilités et de mutualisation des risques. Le lien d'assurance est la preuve que, par l'union de leurs efforts, ses membres peuvent annuler pour chacun le risque qui, s'il s'était réalisé, aurait emporté n'importe lequel d'entre eux vers la faillite ou la misère. C'est également un formidable instrument de prospérité et de justice, car il assure que l'ensemble ne sera jamais affaibli par la mise à mal d'un de ses membres du seul fait de la contingence des événements. Les Égyptiens antiques, déjà, l'avaient compris : plusieurs millénaires avant la Sécurité sociale, en -1400 environ, les tailleurs de pierre de la Basse-Égypte avaient inventé la mutualisation affinitaire afin de se protéger, eux et leur famille, contre les risques inhérents à leur métier, sous forme d'une caisse d'entraide.

- La crise actuelle nous apprend que la couverture de risques connus et probabilisables ne suffit pas. L'exemple historique nous aiguille vers une autre composante essentielle de la protection sociale : la solidarité. La protection sociale, c'est l'assurance, la solidarité en plus. Ce n'est qu'à la fin du XIXe siècle, avec l'émergence du modèle bismarckien, que l'esprit véritable des systèmes contemporains de protection sociale s'incarna vraiment sous la forme de structures d'assurance collective professionnelle et obligatoire. En France, l'Ordonnance du 4 octobre 1945 définissant le financement de la Sécurité sociale naissante fit un grand pas – complété le 27 juillet 1999 par la promulgation de la loi instaurant la Couverture Maladie Universelle (CMU) – vers la réalisation de l'ambition formulée dans le programme du conseil national de la résistance : *« assurer à tous les citoyens des moyens d'existence, dans tous les cas où ils sont incapables de se le procurer par le travail, avec gestion appartenant aux représentants des intéressés et de l'État »*. 75 ans après, sous les coups de butoir cumulés du vieillissement de la population et de la pandémie de Covid-19, nous assistons à une mise au défi sans précédent de notre système de protection sociale. Comme après-guerre, c'est à la faveur de défis majeurs que les grands changements nécessaires à son évolution pourront opérer.

- Quels sont ces défis qui menacent l'assurance de protection sociale ? Le premier est celui de l'émergence de risques qui dépassent en apparence la capacité d'absorption des moyens de la collectivité. Nous assistons, médusés, à la crise mondiale déclenchée par la pandémie de Sars-CoV-2, et ne pouvons que craindre les calamités annoncées par le dérèglement climatique. Par définition, de tels **risques systémiques**, qui se réalisent simultanément pour l'ensemble des assurés, rendent inopérant le principe de mutualisation sectorielle, et tendent à évincer les acteurs assuranciels au profit de la solidarité nationale alors même qu'ils disposent de solutions intégrées et originales en matière de prévention, de recherche et d'investissement, par exemple. Mais, plus que dans ses mécanismes, c'est dans sa légitimité originelle fondée sur la solidarité que le système de protection sociale est appelé à se réinventer. Nous assistons au fléchissement du sentiment de communauté de destin qui unissait autrefois les membres d'une même profession, les habitants d'un même territoire ou les citoyens d'une même nation, et assurait que chacun acceptât de donner un peu pour qu'aucun ne fût laissé sans protection. Les mobilités géographiques et professionnelles poussent en ce sens. La Caisse d'amortissement de la dette sociale et le Système universel de retraite traduisent bien ce mouvement globalisant. La matérialisation de cette tendance est le **mythe grandissant du « juste prix »** en assurance. La réfutation de cette croyance emprunte le raisonnement par l'absurde : si chacun ne devait payer que les sommes qui permettront d'équilibrer, à l'échelle de sa vie, ses besoins, il ne s'agirait plus d'assurance mais d'épargne. Cette aspiration gagne pourtant du terrain, d'autant plus – et ce n'est pas anodin – que le progrès technique lui offre la promesse de sa possibilité. Aujourd'hui déjà, avec l'essor des technologies d'intelligence artificielle et d'analyse de données, chacun se voit promettre de pouvoir connaître d'avance ses maux. À la faveur de l'avènement des statistiques prédictives, la notion de mutualisation se voit progressivement écartée pour celle de constitution d'un capital santé. Or, quelle justice y a-t-il à substituer à l'incertitude des aléas de la vie qui incite chacun à la prudence la brutalité du déterminisme statistique qui opposera inévitablement les plus chanceux aux plus vulnérables ? C'est là le troisième défi qui se pose pour l'assurance de protection sociale.

- **Ces trois menaces – risques systémiques, aspiration au « juste prix » et prédiction individualisée du risque –, qui paraissent déclarer d'avance caduc le modèle assuranciel, sont en réalité une invitation lancée à sa réinvention.** C'est à ce titre que l'exemple historique est édifiant : on ne peut jamais aussi bien dire où l'on va qu'en sachant d'où l'on vient. Trois millénaires après les tailleurs de pierre de la Basse-Égypte, l'environnement, les modalités de couverture et la technique assurancielle elle-même sont bien entendu drastiquement différents. Cependant, le cœur et l'esprit de la protection sociale n'ont pas changé. Comme dans tous les pays et à toutes les époques, nos assurés attendent d'abord d'être accompagnés face aux aléas de la vie et conseillés dans la gestion de leur santé et de leur épargne, deux conditions essentielles du bien-vivre et du bien-vieillir. La capacité que nous avons à être plus forts, ensemble, demeure la conviction d'AG2R LA MONDIALE, et c'est sur cette même pierre fondatrice, qui constitue son atout irremplaçable et insensible aux menaces d'obsolescence que reposera son rôle demain. Face aux difficultés et aux périls qui l'attendent, le Groupe déploiera la même persévérance qui le fait briller dans ses métiers comme sur les routes du Tour de France. Pas question de trahir l'engagement pour la facilité, de sélectionner le risque en reléguant ceux qui ont le malheur de se trouver sur le mauvais flanc de la gaussienne à la misère que le hasard leur a promis.

- Refonder notre modèle de protection sociale imposera de garder en tête le caractère fondamental et irréductible de la solidarité.

Aucun acteur, aucune institution ne semblent à ce jour mieux placés que les groupes de protection sociale (GPS) pour assurer ce rôle. Les solidarités qu'ils font vivre – et qui les font vivre – par le dialogue irriguent toute la société dans tous les domaines. Qu'il s'agisse de prévention, de santé, de promotion de comportements solidaires, de facilitation de la vie des aidants et des aidés, de gestion de l'épargne, quel qu'en soit le montant, quelles que soient les connaissances des épargnants, notre ambition, quelle qu'en soit la forme concrète, sera toujours d'être digne de la confiance que nos assurés nous portent, car elle est en retour le fondement psychologique et la condition *sine qua non* de la solidarité dans la société à toutes les échelles. Les racines paritaires des GPS leur confèrent une place naturelle au sein de l'entreprise et du dialogue qu'animent ses parties prenantes, salariés et patrons, organisations d'employeurs et syndicats. Entre les entreprises et les indépendants, ce même ADN de dialogue joue dans l'organisation, dans le cadre des branches et groupements professionnels, des négociations qui assureront aux uns des conditions de travail respectueuses, et aux autres un cadre qui garantisse une concurrence loyale et fructueuse. Ces mêmes branches et groupements joignent leur confiance et leurs efforts pour assurer, par l'intermédiaire des GPS, une gestion efficace, familière et tournée vers l'intérêt général de leur protection sociale, dans le respect des spécificités professionnelles. Le débat sur la pénibilité l'a bien montré : la réalité de terrain n'est pas la même à la marée de Rungis et dans un salon de coiffure. Elle n'en est pas moins réelle. Dans le contexte économique introduit par l'épidémie, qui voit certains secteurs particulièrement touchés dès lors que la présence physique des collaborateurs ou des clients est nécessaire à leur activité, les possibilités offertes par cette solidarité interprofessionnelle prennent tout leur sens. Inversement, ces liens dépassent le seul cadre professionnel pour permettre l'expression des spécificités des territoires et leur irrigation en des solutions de soutien et de protection que leur échelle ne leur permettait pas de mettre en place. Cette solidarité territoriale, caractéristique de l'ancrage d'AG2R LA MONDIALE dans toutes les régions, de Basse-Terre et Cayenne à Papeete et de Dunkerque à Saint-Denis et Nouméa, verra sa pertinence croître avec l'émergence de risques majeurs mais localisés provoqués par le dérèglement climatique. Enfin, par leur activité de retraite complémentaire et supplémentaire, lien de redistribution financière qui, comme l'identité professionnelle, unit les individus en transcendant leur âge, les GPS occupent une place de choix pour mener de front – ce qu'ils ont déjà commencé à faire – les réflexions relatives à la perte d'autonomie et au bien-vieillir, que seule pourra matérialiser la solidarité intergénérationnelle. À ce titre, la crise actuelle confirme la nécessité pour les assureurs, et les assureurs de personnes en particulier, de penser leur contribution avant tout comme un continuum de solutions d'assurance et de services, notamment de services à la personne.

- Remarquons que les vecteurs clés de l'expression de la solidarité que sont les branches et les groupements professionnels ont vu la pertinence de leur contribution rénovée par les événements récents. La fusion des branches professionnelles a rééquilibré le dialogue entre elles et les GPS, qui avait été rendu moins fluide par le mouvement de concentration des IP, lesquelles correspondaient auparavant de manière biunivoque à un accord de branche incluant un socle de protection sociale au-delà des prises en charge de la Sécurité sociale. Les indépendants et TNS, de leur côté, ont marqué leur attachement à la solidarité, et à la solidarité affinitaire en particulier, que l'on retrouve chez les mutuelles régies par le code de la mutualité, lors des mouvements d'inquiétude quant à la possible réforme des retraites. Face aux défis qui se présentent à elle, les conditions de la solidarité sont réunies.

- Dans le futur de la protection sociale, les grands défis qui s'imposent à AG2R LA MON-

DIALE et à l'activité même d'assurance ne trouveront de réponse adéquate que dans la coopération. Les relations qu'entretiennent les parties prenantes – État, partenaires sociaux, Sécurité sociale, collectivités locales, assureurs, professionnels de santé et institutions financières – devront être revues. Nous ne réussirons qu'en travaillant vraiment ensemble, pour coordonner des moyens qui ne sont pas illimités. De même que les travaux des épidémiologistes et actuaires permettront de mieux prendre en compte les risques nouveaux – les assureurs travaillent en ce moment même à la création d'un « état de catastrophe sanitaire » –, seuls les relais de proximité entretenus par les GPS pourront œuvrer de manière globale et efficace en faveur de la restauration de la solidarité à toutes les échelles dans la société. C'est là une condition essentielle de la réussite, dans la durée, des initiatives de refondation de notre système de protection sociale qui seront prises à l'échelle nationale et, autant que nous puissions l'espérer, en concertation. En restant fidèle à sa conviction fondatrice que le collectif prévaut en efficacité sur l'individuel, le Groupe sera à la fois le réseau et l'initiative qui inspire son animation et sa densification. Pour trouver les voies les plus justes et les solutions novatrices qui nous permettront d'affronter avec sérénité les grands défis qui nous attendent, il rassemblera, comme il l'a toujours fait, les individus, les familles, les entreprises, les associations, les syndicats, les branches professionnelles, tous ces acteurs de notre protection sociale qui, inversement, s'incarnent dans la communauté AG2R LA MONDIALE.

Contribution de Jean Sammut

Président de la Mutuelle Les Solidaires

Nouvelle et modeste contribution à la doctrine mutualiste : pour la refondation d'un pacte entre la Sécurité sociale, la Mutualité et les professions de santé.

Les dernières années ont connu une évolution considérable de l'assurance maladie ; d'autant plus considérable que cette évolution s'est faite, non pas comme dans les années 90/2000, dans le cadre de plans successifs, mais de façon « rampante » au travers de l'empilement de modifications réglementaires.

L'ANI, les contrats responsables, l'ACS, puis la C2S, la fiscalisation des mutuelles puis la taxation des complémentaires, le 100 % santé ont transformé ces dernières en un deuxième pilier de l'assurance maladie, en fermiers généraux collecteurs de taxes, permettant d'exclure fictivement les cotisations aux complémentaires du taux des prélèvements obligatoires.

En dépit du maintien (voire de l'augmentation) de la part prise en charge par la Sécurité sociale à un très haut niveau, la structure des dépenses financées par celle-ci se modifiait considérable-ment : d'un côté des populations couvertes à 100 % pour leurs affections de longue durée, des CSP bien remboursées (salariés en CDI, par exemple) et qui maîtrisent les codes d'accès au système de santé ; de l'autre des populations confrontées à la fois à une couverture complé-mentaire insuffisante et à des déserts ou des la-byrinthes médicaux (y compris en milieu urbain), doublés d'une culture réduite de l'organisation des systèmes de santé, conduisant à une suru-tilisation des urgences ou à un non-recours aux soins.

De tout cela résulte une aggravation objective des inégalités sociales, culturelles, dans l'accès au système de soins, et nourrit un ressenti pe-sant chez les populations concernées.

Dans le même temps, le système de santé s'est dégradé de l'intérieur : crise des urgences, dé-serts médicaux, lassitude des praticiens hospi-taliers, cloisonnement des professions de santé, aggravation des inégalités de situation, alors que les « gestes » en direction des profession-nels de santé « libéraux » se multipliaient (voir la valeur réelle de l'acte du médecin généraliste) sans évaluation réelle de leur efficacité.

L'un des paradoxes les plus incompréhensibles de la période, c'est le nombre de voix (de droite, d'extrême gauche, technocratiques, populistes) qui, face à cette situation, s'élèvent pour réclamer une étatisation de la protection sociale alors même que cette étatisation n'a cessé de se déployer, y compris sur le marché concurrentiel via une hyper réglementation des offres.

Plutôt que de perdre son temps à faire le bilan critique des incohérences actuelles et à reproduire des discours déjà convenus, ne serait-il pas désormais préférable de se projeter dans l'avenir et de se poser la question de ce que voudrait dire « penser la protection sociale de demain » ?

L'objectif des dirigeants de « 1945 », de bords politiques différents, était ambitieux, mais le contexte l'exigeait : après la barbarie, il s'agissait de construire un monde où celle-ci deviendrait impossible, car l'économie serait au service des hommes. Pour cela, il fallait créer les conditions favorables à la mobilisation de tous pour la reconstruction en apportant à la population laborieuse une sécurité qu'elle n'avait jamais eue. Les limites à cette ambition furent affaire de rapports de force et de négociations.

Quels objectifs pourrait-on imaginer pour une protection sociale des 50 ans qui viennent ?

Le contexte, bien que différent, est tout aussi exigeant : depuis « la COP 21 » d'abord, et cette crise de la COVID ensuite, les enjeux n'ont jamais été aussi clairs.

Sous peine de léguer à nos enfants un monde inhabitable, tous nos efforts doivent être tendus vers une conscientisation, une mobilisation, une acculturation des populations visant à prendre soin de soi, de nous, de tous les vivants et de la planète.

Avec cette vision, les mots « protection sociale » reprennent tout leur sens.

La crise du climat et celle de la COVID ont démontré conjointement au moins trois choses :

- Nous sommes dans le temps des catastrophes et des épidémies et ça peut « frapper très fort », mondialement : les réponses populistes de repli sur soi sont disqualifiées.
- La question de la préparation collective est décisive : notamment pour le système de santé (mais pas que...), et cette préparation ne peut pas être soumise aux aléas des politiques budgétaires.
- La population détient collectivement une grande part des solutions : le respect des mesures de confinement dans tous les pays a été décisif dans

l'endiguement (qu'on sait fragile) de l'épidémie. Les acteurs « de proximité », les initiatives qu'ils ont prises, ont permis même dans un système hospitalier hyper centralisé ou dans des secteurs économiques hyper « procédurés » d'assurer les services de proximité essentiels aux populations.

Dans le même temps, le développement sans précédent (moorien) de nouveaux paradigmes technologiques nécessite des transformations d'organisation radicales : développement de la chirurgie ambulatoire, place de plus en plus importante de la génétique dans les diagnostics, le soin, la prévention et la prédiction, mais aussi humanisation de ces évolutions technologiques qui ne pourront pas se déployer sans une refonte de l'organisation de notre système de santé.

Comment ces évolutions inéluctables, quelles que soient les crises, pourront-elles (comme cela est l'ambition de notre pacte social encore aujourd'hui) être accessibles à chacun quelle que soit sa situation économique, quelle que soit sa compréhension de l'organisation du système de santé ?

Le niveau de dépenses nécessité par la restructuration indispensable du système de santé ne peut pas seulement être justifié par une plus juste rémunération des personnels. Elle doit correspondre à une santé rénovée, technologique et humaine du 3e millénaire et à une nouvelle articulation entre le champ de la recherche et des nouvelles technologies, de l'hôpital et de la médecine du territoire, des professionnels et des « gens ».

Ce n'est pas en revendiquant une bureaucratisation-étatisation accrue du système ou un nouvel hospitalo-centrisme que l'on peut faire vivre une évolution d'une telle ampleur, bien au contraire.

Il ne s'agit pas seulement d'une affaire de financement ou de moyens, mais aussi d'une affaire de conception quant à la place et au rôle de la solidarité dans la refonte générale de notre système.

L'intervention publique et l'intervention privée doivent être fondées sur le même socle de valeurs et contribuer ensemble à l'intérêt général qui ne se résume pas à la simple réponse à des besoins de couverture assurancielle.

Pour prendre un exemple concret : sans une révision de l'organisation du système de santé ambulatoire, il n'y aura pas de solutions à la crise des urgences hospitalières ; mais sans implication des « complémentaires » dans cette réorganisation, celle-ci ne se fera pas.

Seul un mouvement général des acteurs de la protection sociale peut générer une telle transformation, vers une nouvelle économie de la santé « refondée » sur la prévention et la « préparation ».

1- Le débat entre régime obligatoire, assurance et mutualité doit avoir lieu

La question des rapports entre l'obligatoire et le complémentaire est au cœur du débat actuel. Il est vrai que sur un ensemble de dépenses, cette distinction entre deux preneurs de risques trouve difficilement aujourd'hui sa justification. Dans le même temps, ce sont les complémentaires qui ont créé les conditions pour que les chambres particulières deviennent un standard de confort ; dans le même temps, les politiques « solidaristes » des pouvoirs publics visant à doter les populations à faible revenu d'une couverture complémentaire à bas coût (type C2S) sont un échec spectaculaire qui se confirme réforme après réforme.

Par contre, en créant de toutes pièces, au milieu des années 80, un marché de l'assurance santé, les pouvoirs publics successifs ont transformé radicalement, avec la complicité de toutes les complémentaires, la nature de la relation entre ces dernières et la Sécurité sociale.

L'évolution des dépenses en optique depuis cette période est un traceur spectaculaire de cette évolution : d'un côté, une tentative bureaucratique de maîtriser des coûts, de l'autre, l'ambition méthodique d'étendre un marché solvable.

Une nouvelle protection sociale, cohérente et solidaire, susceptible de contribuer positivement à une reconstruction du système de santé, passe par l'exclusion des formes assurancielles du champ de la santé et la reconstruction d'un couple Sécurité sociale-Mutualité.

2- Une réorientation systématique de notre système de santé vers la prévention et la « préparation » s'impose

Il n'est pas besoin de revenir sur la « faute » de l'affaire des masques (qui a dramatiquement fait perdre des semaines à notre pays dans l'endiguement de l'épidémie) pour considérer qu'il s'agit là d'une priorité.

Depuis des années, la faiblesse des budgets engagés dans la prévention place notre pays dans un paradoxe absurde : c'est en France que l'oncologie serait la plus en pointe, mais c'est en France qu'il y aurait une prévalence plus grande du nombre de cancers.

Résoudre cette question fondamentale n'est possible que si les acteurs de la protection sociale
sortent d'une vision concurrentielle, consumériste, utilitariste du marché de la santé.

Pour faire de la prévention un outil efficace, le
mode opératoire d'une nouvelle économie de la
santé impose d'investir, en même temps, pour
des objectifs communs mais conduits par chacun
avec ses moyens et ses compétences propres.

3- Une réinscription méthodique des poli-
tiques de santé dans les territoires

Notre système de santé permet que l'on constate,
pour la même pathologie, un écart de 1 à 5 dans
le taux d'interventions chirurgicales d'un côté à
l'autre du pays. Et pour autant, malgré l'omnipré-
sence des ARS, la prise en compte des spécificités territoriales dans les politiques de santé est
formelle. Nous sommes face à une territorialisa-
tion purement administrative décorrélée de la réalité humaine des besoins.

Quels territoires ont une politique de réduction
des risques industriels, de maillage sanitaire, de
réimplantation de structures de santé, de libération des initiatives médicales ou citoyennes en
santé ?

Là encore, l'institutionnalisation d'une collaboration systématique entre les collectivités territoriales, les mutuelles, les CPAM et les professionnels de santé est LA solution. Elle permettrait que la santé dépasse le seul cadre du soin et s'intéresse aux éco-systèmes, à la réduction des risques, aux politiques éducatives.

C'est la seule voie pour que l'innovation en santé fleurisse et redevienne un vecteur économique à portée internationale.

4- Participer à une refondation démocratique

Notre démocratie est en panne. Les dernières élections municipales, s'inscrivant dans la continuité d'une tendance lourde, l'ont montré à tous. Mais la dégradation, la délégitimisation de la démocratie représentative ne touche-t-elle que sa forme politique ? À l'évidence, non !

L'assurancialisation du marché de la santé, la bureaucratisation des institutions de la protection sociale, la technocratisation des procédures, des contrôles, des normes ont conduit naturellement à un divorce entre les populations et la protection sociale alors que par ailleurs se multiplient les comités, les collectifs, les associations qui veulent peser sur les choix des politiques publiques.

Une nouvelle démocratie délibérative en santé est nécessaire.

Elle doit permettre qu'à tous les niveaux, les gens aient accès aux informations nécessaires, participent effectivement aux décisions, contrôlent leur mise en œuvre et qu'ils soient accompagnés, outillés par des mouvements qui, comme la mutualité, ont vocation à les représenter mais aussi à s'en nourrir pour sa propre réflexion.

5- Une nouvelle articulation entre protection sociale et professions de santé

L'hospitalocentrisme a de beaux jours devant lui ! Conjoncturellement, il est difficile d'être contre : la réduction des capacités hospitalières des dix dernières années, la sous-valorisation flagrante des métiers, justifient des investissements. Reste à savoir si ces investissements profiteront à une véritable optimisation des capacités de soins et de recherche ou s'ils continueront de s'enfoncer dans un gouffre bureaucratique.

Cet effort ne saurait, notamment, ignorer la nécessaire réinscription de la médecine ambulatoire dans cette réorganisation.

Les évolutions technologiques, l'orientation préventive, la lutte contre les inégalités d'accès au système de santé, mais aussi la construction d'une nouvelle médecine de l'humain et de son rapport à l'environnement passent par un réinvestissement sur la médecine générale, par l'organisation de formes pluridisciplinaires de l'exercice médical du territoire.

La mutualité devrait se donner l'ambition et la responsabilité de créer les conditions de cette évolution.

Il ne s'agit justement pas de revendiquer des « normes ou obligations » mais de construire une articulation respectueuse de chacun, indépendant et partenaire, dans l'élaboration de cette nouvelle conception et de cette nouvelle pratique.

6- Un mouvement mutualiste d'éducation populaire

Les vingt dernières années ont vu triompher le consumérisme en protection sociale complémentaire : chacun « en voudrait pour son argent », oubliant que la mutualisation en santé signifiait l'inverse : « en avoir quand on en a besoin ». Et pour cela, il faut agir sur l'offre autant que sur la demande, peser sur le risque, comme peser sur les coûts.

Les mutuelles doivent retrouver leurs fondamentaux et redevenir les acteurs majeurs des proximités et de la démocratie. Plutôt que de revendiquer des parcelles de matière assurable ou de s'inventer une vocation « d'entrepreneurs », elles doivent réaffirmer leur place de « professionnels de la santé et de la solidarité », participer au premier rang, avec les populations, à une réinvention d'une démocratie sociale et sanitaire.

La mutualité aura un rôle social central si elle devient une école de la responsabilité individuelle et collective en santé.

« Éco-responsable », « sano-responsable », « sécurito-responsable », la mutualité doit imaginer de nouvelles sécurités sociales et sanitaires. Et, à partir de là, avec les populations, elle peut et doit construire une nouvelle articulation avec les professionnels de la santé et du social pour mettre en œuvre cet accompagnement sur les territoires et le rendre accessible, économiquement, socialement et culturellement, à tous ; et participer ainsi, par cercles concentriques du local au mondial, à la construction, à la refondation d'un nouvel humanisme.

Contribution de Djamel Souami

Président du CTIP, Président de l'UDAP CFE-CGC, Directeur Associé de Micropole

En 2016, à l'occasion de ses trente ans, le CTIP proclamait au nom des Institutions de Prévoyance et Groupes paritaires : « Le Collectif a de l'avenir. » Face aux cinq grands défis que nous pose le XXIe siècle, à savoir la mutation du système économique, la création de nouveaux modes d'activité, la responsabilité environnementale et sociétale face au changement climatique, la lutte contre les inégalités, la prise en compte de la longévité, cette proclamation est toujours d'actualité. Car, comme en 1945, l'enjeu est d'apporter une réponse collective permettant à chaque citoyen de prendre sa juste place dans la société et d'être protégé si nécessaire.

Créer les collectifs de demain en partant des évolutions de la société

Les défis que nous avons à relever, s'ils sont différents de ceux de nos prédécesseurs qui devaient reconstruire un pays dont les valeurs mêmes avaient été atteintes, sont pourtant comparables à bien des égards. Ainsi, de nouveaux modes de production émergent, basés sur des technologies également nouvelles. Ce faisant, un nouveau système économique se met en place où le travail humain prend des formes variées. Ce n'est plus une reconstruction mais c'est une refondation du monde du travail. Il nous faut donc revisiter notre système de protection sociale en revenant aux principes énoncés par le CNR, toujours actuels, à savoir *« d'assurer à chacun les moyens de son existence, dans tous les cas où ils sont incapables de se le procurer par le travail »*. Pour ce faire, comme en 1945, la réponse doit venir de ceux qui sont au cœur de l'activité économique, ceux qui sont les mieux à même de comprendre les enjeux et les risques. De prévoir la meilleure façon de les couvrir. Les partenaires sociaux, ceux déjà existants, et ceux qui naîtront peut-être des nouvelles formes d'activité économique – je pense notamment au néo-syndicat des indépendants ou au syndicalisme écologique – ont la responsabilité de bâtir ensemble des solutions efficaces et adaptées au nouveau monde où le changement est une constante et où l'emploi de masse n'est plus la norme. Le collectif d'aujourd'hui auquel les groupes d'assurance paritaires œuvrent, c'est l'Entreprise et la Branche. Demain, ce seront peut-être d'autres collectifs, mais il restera toujours un *affectio societatis*. Je suis intimement convaincu que ces collectifs sont, aujourd'hui comme hier, les mieux placés pour ce faire, pour imaginer des protections et des services au plus près des besoins. Car, plus que jamais, il serait illusoire de vouloir tout embrasser dans un modèle unique et universel. Le législateur de 1945 l'avait déjà bien compris en prévoyant, dans les ordonnances créant la Sécurité sociale, la possibilité de créer des organismes de prévoyance « *en vue d'accorder des avantages s'ajoutant à ceux qui résultent de l'organisation de la Sécurité sociale* ». Mais il actait aussi, et il est utile de le rappeler à un moment où certains envisagent de supprimer le ticket modérateur hospitalier, la place bien comprise de la mutualité dans notre système de santé, tant en Livre II qu'en Livre III. Ces ordonnances, qui ont donc donné naissance aux institutions de prévoyance, leur ont aussi procuré l'élan pour se développer avec et dans les entreprises. De cet ancrage originel, et du fait qu'elles soient portées par les représentants des salariés et des employeurs pour procurer des services aux entreprises, elles ont tiré une capacité à anticiper les évolutions sociétales. Et, ainsi, démontré leur utilité sociale. Elles ont ainsi été les pionnières de la prévention santé en entreprise et mis en place des garanties participant du bien-être et de la bonne santé des salariés. Plus récemment, elles ont vu arriver, avant tout le monde, la problématique des actifs cumulant travail et situation d'aidant familial et ont créé la première garantie dédiée à cette population, dont la DREES projette qu'elle concernera un actif sur 4 d'ici 20 ans. L'entreprise étant le seul lieu de création de richesses économiques (faut-il le rappeler ?), quand les groupes d'assurance paritaires agissent pour une meilleure santé physique et psychique des salariés, ils apportent de fait une contribution majeure au bien-être des individus, à l'harmonie des familles, à la dignité de chacun et, *in fine*, à la richesse nationale. Au-delà, en créant une protection sociale complémentaire élargie, adaptée aux besoins du monde du travail, les groupes d'assurance paritaires ont ainsi largement participé à remplir le programme du CNR et ceci au profit du plus grand nombre.

Privilégier la construction collective et donner toute sa place au dialogue social

Dans son programme, le CNR appelait de ses vœux « *un syndicalisme indépendant, doté de larges pouvoirs dans l'organisation de la vie économique et sociale* ». Les personnalités et les organismes de tous horizons à l'origine de ce projet commun souhaitaient ainsi encourager la participation des salariés et la construction de compromis. Il s'agissait de « faire société ». Ce défi républicain, qui peut prendre une multitude de formes, est plus que jamais d'actualité. Ainsi la question de la longévité, celle de l'environnement, celle des modes de travail alternatifs – travail à distance, *slashers*, auto-entrepreneurs, collaborateurs des plates-formes... – sont autant de défis lancés à notre capacité à vivre ensemble. Et notre système de protection sociale, qui pour beaucoup de nos concitoyens est l'expression même de ce que c'est qu'être Français, semble désormais nous échapper. En effet, la Sécurité sociale qui, dans l'esprit de ses concepteurs, devait être gérée par les représentants du monde du travail a fait l'objet au fil du temps d'une mainmise de l'État. La logique à l'œuvre, au motif de l'universalité et de la protection des plus fragiles, est désormais davantage comptable que sociale. Pour preuve de cette dérive, l'état d'usure de nos hôpitaux et de fatigue des personnels du système de santé après des années sous la pression d'un ONDAM implacable. Usure apparue au grand jour avec effroi avec la crise sanitaire du Covid-19. Tout aussi grave, cette orientation budgétaire semble vouloir, par le biais d'une législation toujours plus contraignante, annexer les « organismes complémentaires ». Les maintenir invisibles et aveugles, les mettre sous tutelle. Or, concernant la santé-prévoyance, le « contrat entre les parties », patiemment mis en œuvre par les partenaires sociaux via un dialogue social dans les entreprises et dans les branches, est autant sinon plus efficace qu'une réglementation descendante et universelle – inadaptée au monde qui se construit, dont les citoyens veulent être acteurs. Il suffit pour s'en convaincre de compter le nombre de « collectifs » créés chaque jour sur tous types de sujets. Cette logique étatique, par construction universelle et descendante, est également inadaptée aux défis de la santé de demain. Mais aussi déresponsabilisante. Illustration encore avec la crise du Covid-19 : les difficultés de l'État à trouver dans l'urgence les réponses appropriées, partagé qu'il était entre la préservation de la santé de tous – préoccupation louable – et les impacts économiques à moyen et long terme. D'où l'impression d'une navigation à vue qui va, à tort ou à raison, lui être reprochée. Avec dans le même temps la réaction extrêmement rapide des groupes d'assurance paritaires qui ont su, dans un dialogue constructif avec les représentants des branches, décider de mesures d'accompagnement ciblées pour les entreprises des secteurs en grandes difficultés (HCR, Spectacle, Employés de maison, BTP…) dépassant au total le milliard d'euros.

Pour un pacte républicain du XXIe siècle, responsable et inclusif

En France, nous avons tous au fond de nous ce mythe de l'homme providentiel, chef suprême, roi, général, guide, qui dans sa grande sagesse saurait nous diriger et s'entourer des meilleurs pour nous administrer, mais ne nous y trompons pas. Entre le tout-marché et le tout-État, tout aussi dangereux l'un que l'autre pour notre démocratie, je soutiens qu'il existe une voie, celle du collectif, celle de la concertation, celle du contrat, protecteur et équilibré entre les parties. Servons-nous de nos 75 ans d'expérience ! Et posons-nous d'ores et déjà la question ainsi : comment permettre à une personne née en 2000, qui a donc 20 ans aujourd'hui, de vivre, travailler, fonder une famille, s'élever socialement et s'épanouir jusqu'à 85 ans voire 90 ans dans un monde aussi fluctuant ? Il faudra s'occuper de santé, de prévoyance, de retraite, de longévité, bien sûr. Mais il faudra aussi s'occuper de formation, de logement, des changements des modes de travail, des risques environnementaux, sanitaires et climatiques, de la mondialisation de l'économie. En prenant bien soin d'intégrer dans la réflexion la strate européenne dans laquelle la France s'inscrit désormais, qui n'existait pas en 1945. Les groupes d'assurance paritaires ne prétendent aucunement répondre à tous les besoins, au motif que leur proposition serait meilleure que toutes les autres. La dialectique à deux termes, manichéenne, n'a jamais contribué au Bien commun.

Alors face aux défis du XXIe siècle, ma proposition sera de travailler ensemble, par-delà le *voile de l'ignorance*, au système de protection sociale de 2045 : un pacte républicain du XXIe siècle, en quelque sorte. Un pacte refondateur dans lequel pouvoirs publics et acteurs privés, solidarité et assurance, couverture des particuliers et besoin de protection sociale dans les entreprises, liberté et égalité, loin de s'opposer, se complètent mutuellement. Mais pour cela nous aurons besoin de confiance... un travail de longue haleine.

Contribution de Jean-François Tripodi

Directeur Général de Carte Blanche Partenaires

Introduction

L'architecture de notre système de santé et de protection sociale est le fruit de circonstances exceptionnelles : une forte poussée sociale, une aspiration universaliste – avant et plus encore au lendemain de la seconde guerre mondiale – ainsi qu'une traduction jacobine qui confie à l'État et à ses agences des missions, des compétences et un pouvoir d'encadrement qui n'a que peu d'égal dans d'autres secteurs.

Si l'aspiration universaliste s'est progressivement émoussée, la tentation du pouvoir centralisateur à renforcer son contrôle s'est accrue. L'État se rêve donc aujourd'hui dans une double mission : celle de régulateur et celle d'acteur.

Son niveau de régulation est d'ailleurs très fort en matière de protection sociale, à tel point que les assureurs au sens large ne peuvent plus se différencier sur leur cœur de métier mais uniquement sur leurs services.

Quant à sa mission d'acteur, elle s'est récemment manifestée avec la fusion de la CMU-C et de l'ACS créant la Complémentaire Santé Solidaire (CCS) qui, sous prétexte de simplifier les démarches des populations précaires et vulnérables, pourrait être la première étape de la généralisation de l'assurance complémentaire santé publique.

Cette concentration est à rebours de ce qui se passe dans d'autres secteurs y compris sensibles et stratégiques, comme l'énergie et la sécurité. La tendance y est plutôt à la délégation aux acteurs privés ou aux partenariats entre ces derniers et les autorités publiques. D'une part, car la stricte régulation tend à réduire l'offre et ne permet plus aux assureurs – au sens large – d'innover dans la couverture assurancielle de la population pourtant en attente de toujours plus de prise en charge financière, ni de se différencier autrement que par les services liés à la santé et aux soins. Et d'autre part, car elle renforce la logique verticale, descendante et au final techno-centrée de notre système de protection sociale et de santé.

Donnons de la place aux logiques et collabora-
tions horizontales

Cette dualité impacte naturellement l'activité des acteurs économiques dans la mesure où elle nous positionne, d'une certaine manière, en situation d'exécutant, parfois de contrôleur et souvent de « percepteur ». Notre force à tous est de savoir tirer profit de cette situation, de développer des expertises parallèles qui nous permettent de nous différencier, de renforcer nos liens avec les Français ainsi que notre utilité.

C'est typiquement ce que nous avons fait en développant le service « *Mon devis Décrypté* » dans le cadre de la réforme 100 % Santé en optique, dentaire et bientôt en audiologie. Cet outil en ligne permet à l'assuré de bien comprendre les caractéristiques des équipements et prothèses qui lui sont proposés ainsi que leurs différences, notamment en termes de matériaux et de qualité. Car le prix et le reste à charge ne sont pas toujours les uniques critères que l'assuré prend en compte dans ses choix.

Nous connaissons les faiblesses d'un système très centralisateur. C'est bien dans l'incapacité des acteurs publics à assurer la modération des tarifs, notamment en optique, la qualité des équipements et la lutte contre la fraude que les réseaux de soins, comme Carte Blanche Partenaires, se sont constitués. Et nous savons par expérience que la puissance publique n'a ni la culture, ni les habitudes, ni les outils pour développer une approche tournée vers le client-assuré.

Pourtant, cette révolution qui fait du patient (c'est-à-dire du témoin de sa propre santé) un acteur de premier plan est aujourd'hui bien inscrite. Très tôt, nous avons développé des services pour faire en sorte que les assurés soient pleinement en mesure de faire des choix éclairés. C'est le cas avec GuidHospi, un guide en ligne des établissements de santé (médecine, chirurgie et obstétrique) de France et DROM. Plus récemment, nous avons créé le premier agent conversationnel, ou « chatbot », qui permet d'accompagner l'assuré dans son parcours de santé visuelle. Il répond à ses questions 24/7 et permet ainsi de bénéficier de conseils de prévention et d'accompagner l'assuré dans le choix de lunettes adaptées. Il permet de géolocaliser un opticien partenaire du réseau Carte Blanche via lequel les assurés peuvent bénéficier d'avantages tarifaires et serviciels, ou bien un ophtalmologue.

Mais plus encore, cette dualité nous oblige collectivement, et c'est au cœur de notre ADN, à faire émerger des pratiques d'écoute, de partage et de collaboration renouvelées.

Oui, nous devons intégrer et transcender les contraintes de notre système de protection.
Oui, nous devons entendre et répondre aux aspirations et besoins de nos concitoyens.
Mais, surtout, nous devons collectivement renforcer notre capacité à innover, d'un point de vue technique, managérial et social.
Car notre mission est bien d'accompagner l'assuré dans l'offre de soins, de lui permettre d'accéder à des soins et équipements de qualité au juste prix et, si possible, sans reste à charge.
Nous l'avions fait par exemple en 2016, avant même la création du 100 % Santé, en développant une gamme de lunettes *Made in France* et sans reste à charge en collaboration avec les plus grands verriers mondiaux.

Notre rôle pivot, qui nous place à la croisée des contraintes légales et des attentes des Français qui expriment par exemple des difficultés d'accès à certains soins, nous conduit à soutenir la coopération entre professionnels de santé souvent portée par les nouveaux outils digitaux, comme le développement de nouveaux métiers ou de modes d'organisation.
Nous soutenons notamment la création d'un nouveau métier d'hygiéniste dentaire qui permet de

libérer du temps médical utile et de réduire les délais d'attente. C'est cette même volonté qui nous conduit aujourd'hui à développer un cadre de collaboration inédit entre ophtalmologistes et orthoptistes, porté par l'émergence de la télésanté dans les territoires et répondant autant aux problématiques des « déserts médicaux » qu'aux délais d'attente.

Ces collaborations, tournées vers la prise en charge précoce des besoins de santé, voire vers le dépistage et la prévention, sont indispensables pour basculer d'une approche de soins à la notion de parcours de santé. L'enjeu est bien, pour nous, pour les Français, pour la collectivité, d'intégrer l'ensemble des dimensions personnelles, professionnelles et sociales d'un individu pour aborder sa santé. Cette approche, elle ne peut se faire qu'au plus près des populations sur la base d'une connaissance fine des réalités et ne peut conduire qu'à des solutions « sur-mesure ». C'est la conviction que nous tirons des opérations menées ces derniers mois.

En partenariat avec Optic 2000, nous proposons ainsi aux entreprises un dispositif d'information et de prévention en santé visuelle. Au sein de leurs locaux, nous réalisons 3 ateliers de 15 minutes chacun permettant aux salariés d'effectuer des tests de vue, d'apprendre les bons réflexes à adopter au bureau ou au volant, et de prévenir la fatigue visuelle. Ces opérations permettent de détecter un trouble visuel chez 34 % des participants en moyenne, et plus de 98 % souhaitent mettre en place les conseils de prévention donnés.

Avec cette opération, nous amenons le diagnostic sur le lieu de travail. Et c'est dans la même logique que nous avons mis en place un dispositif de télé-dépistage bucco-dentaire au sein de deux centres d'impôts en 2019, en partenariat avec la MFP Services et avec la start-up E-Dentech. L'opération a permis de dépister au moins une carie chez 35,1 % des participants ou une inflammation gingivale chez 48,4 % d'entre eux.
Quand on connaît les difficultés à la fois sociales, financières mais également psychologiques que rencontre la population française pour bénéficier d'un suivi bucco-dentaire correct, on voit bien l'intérêt de ce type de dépistage sur le lieu de travail qui contribue à lever ces freins.

Cette volonté, cet impératif économique, sanitaire et d'efficience, qui nous oblige à basculer d'un parcours de soins à un parcours de santé, pour ne pas dire de vie, associera demain une pluralité de facteurs et d'acteurs : sanitaires, environnementaux, culturels, économiques ou encore sociaux. Il nous oblige également à repenser l'offre dans son articulation : nationale, locale, en entreprise ou encore dématérialisée. Il contraindra au final l'organisation du système de santé et de protection sociale à s'adapter pour répondre aux besoins des populations.

Vues pour l'avenir

(Christian Oyarbide)

D'ordinaire, la dernière partie d'un essai vise à clore un débat ou à proposer une vérité. Le Cercle Vivienne a, au contraire, choisi (comme dans son ouvrage précédent) d'ouvrir sur « des horizons » possibles de notre protection sociale.

Comme esquissé en introduction, redisons que la protection sociale, comme les autres mécanismes et institutions qui structurent une société, est traversée par des tensions politiques, économiques, idéologiques qui, selon les périodes, font pencher la balance d'un côté ou de l'autre. Ce sont ces tensions qui servent de lignes de fuite aux horizons proposés dans cette dernière partie.

Cet exercice n'est évidemment pas neutre, ni abstrait. Il se nourrit des convictions mutualistes de son auteur et de son double regard, de professionnel et d'usager, sur le système de santé français.

Scénario 1 : Tension entre une vision « assurancielle » et une vision « solidaire »

Dans un cas, on assure les gens contre un risque, dans l'autre cas on s'efforce de faire en sorte que chacun vive en bonne santé.

La vision assurancielle traite la maladie comme un risque en partie « assurable » et donc susceptible de tarification.

Écoutons Denis Kessler en 1993, alors Président de la FFA : « La Sécurité sociale n'établit aucune liaison entre le coût actuariel de l'individu et la cotisation qu'il a versée, qu'il soit malade ou bien portant, qu'il ait une espérance de vie longue ou faible. »

Denis Kessler n'ignorait pas qu'en matière de santé, la technique actuarielle se heurte à plusieurs limites.

Dans un grand nombre de cas, la probabilité de réalisation du risque est quasi certaine (nous aurons tous des problèmes de vue un jour ou l'autre, le risque d'Affection de Longue Durée au grand âge est très élevé) et donc les mécanismes assuranciels buttent très vite sur l'absence d'aléa.

Dans cette logique, la sélection du risque, rendue de plus en plus efficiente par les progrès de la génomique, par exemple – mais pas seulement –, conduira inévitablement à exclure de l'assurance ceux qui en auraient le plus besoin, soit par un refus pur et simple de prise en charge soit par une surtarification qui rendra la couverture hors de portée des faibles revenus – souvent les plus exposés aux dits risques.

Enfin, comme le notent plusieurs auteurs, les risques du XXIe siècle ne sont plus quantifiables comme au début du XXe : ils sont plus rares et plus dramatiques parce que leurs conséquences (dans le fait ou dans la psychologie des populations) concernent l'ensemble de la planète : climatiques, nucléaires, industriels (Seveso…), ils portent potentiellement sur de grandes séries. En santé, la mondialisation est accusée d'être à l'origine de la résurgence des épidémies. À tout le moins d'une propagation extrêmement rapide dont la gestion par le marché est difficilement envisageable. Inutile, aujourd'hui, dans un moment marqué par la Covid 19, d'appuyer cette assertion par une démonstration.

La voie, pour les tenants de l'assuranciel, sera donc de faire le tri entre les risques et les populations assurables et non assurables qui relèveraient de l'État et de la solidarité nationale.

Ce découpage des risques pour en confier une partie au marché a été qualifiée par Didier Tabuteau de « Politique du Salami » : « Elle vise à transférer par petits bouts les prérogatives de l'assurance maladie vers des acteurs privés et sonne le glas d'un modèle fondé sur la solidarité entre bien portants et malades, d'une part, et entre riches et pauvres d'autre part. » Et l'on pourrait ajouter suite à la Covid 19, entre vulnérables et non-vulnérables.

Étant de moins en moins reconnu comme légitime à définir les priorités sanitaires, l'État aura du mal à maintenir les lignes Maginot d'interdictions ou d'obligations de prises en charge par le secteur privé comme il le fait actuellement via les contrats responsables ; d'autant plus s'il laisse « au marché » les dépenses qu'il ne souhaite pas financer comme c'est le cas actuellement pour l'optique et le dentaire.

Cette approche « salami », inégalitaire par nature, percute directement la conception française – pourtant aujourd'hui largement « théorique » – de l'accès de tous à la santé.

La question de son acceptabilité sociale est posée, et cette question est légitimée par l'impuissance de l'État, en partie organisateur de l'offre sanitaire, devant la crise de l'hôpital, les déserts médicaux...

Dans ce scénario, si l'État ne se relégitime pas, les acteurs assuranciels gagneront du terrain. Mais ils pourraient se lasser car, pour une longue période encore, leurs stratégies resteront largement subordonnées à la puissance publique et ils agiront dans les « espaces » – fluctuants – concédés par celle-ci. Pour une longue période encore, ils ne seront pas censés porter une « vision » globale de la santé.

Le risque est grand que d'autres, moins réglementés, moins scrupuleux, moins soucieux de leurs bonnes relations avec la puissance publique, profitent de cette absence de légitimité des uns – l'État et ses agences – et des autres – les assureurs – pour devenir « centraux ». Nous pensons ici aux Gafam, à Doctolib ou d'autres à venir.

Si nous restons cependant sur ce scénario où les assureurs deviennent rapidement « centraux », au moins sur certains risques, on peut parier que la société française – même aux États-Unis ceci est de plus en plus vrai – n'admettra pas qu'ils s'exonèrent de toute responsabilité :

- dans la prévention,
- dans le développement de formes de solidarité allant au-delà de la seule mutualisation du risque,

- dans la maîtrise de l'irrésistible extension de la sélection des risques,
- dans un rapport « confiant » avec les professionnels de santé.

Pour les assureurs, l'inacceptabilité sociale d'une vision strictement économique – déjà lancinante – deviendra alors cruciale : jusqu'où puis-je prendre en compte ces exigences sans dégrader mon business model ?

La réponse que font certains que nous avons interrogés, c'est qu'il appartient à l'État de poser les règles auxquelles ils se conformeront si elles laissent place à un modèle économique rentable. Mais là encore, la crise de la Covid a démontré que le paravent de la « légalité » ne suffisait pas à exonérer les assureurs. Cette crise a même conduit la FFA à apporter son soutien financier à l'État, ce qui a entraîné le départ de l'organisation du plus libéral de ses membres.

Une autre réponse des acteurs, mais qui perd de sa force, est d'enrichir les offres de prise en charge financière par des services d'accès à la santé, à la prévention. Une façon de communiquer sur leur utilité sociale. La limite de cette proposition de valeur tient à ce que, dans la logique actuelle de guerre tarifaire, aucune complémentaire santé – qu'elle soit société de capitaux, paritaire ou mutualiste – n'a trouvé le modèle de financement des services divers associés à leurs produits. C'est d'ailleurs en partie pour cela qu'aucun acteur ne pousse à leur l'utilisation, pas même par le biais de leur action sociale dont les budgets sont pourtant souvent sous-utilisés.

Au-delà de la guerre tarifaire, une des raisons de la difficulté à faire émerger un business-model tient à ce que, même pour les dépenses qu'ils financent en grande partie, les marges de manœuvre des complémentaires sont très limitées par la puissance publique, notamment dans leurs relations avec les offreurs de soins ou de dispositifs médicaux.

Pour échapper à cela, la logique assurancielle, d'un point de vue « technique », serait de basculer d'un régime à deux « porteurs d'un même risque » (régime de base et complémentaire) vers un système à deux silos, avec prise en charge exclusive – au premier euro – et pilotage de certains risques par l'un ou l'autre des types d'acteurs. Un silo géré totalement par l'État et ses agences pour tout ce qui n'est pas un « risque assurable » et un silo assuranciel qui prendrait en charge les autres au premier euro sous contraintes de prévention, de dépistage, de solidarité… Le réel enjeu est la liberté dans la relation avec les professionnels de santé, qui évidemment n'en veulent pas.

Par ailleurs, n'oublions pas qu'entre des cotisations de Sécurité sociale assises sur le revenu (donc mettant en jeu un niveau de redistribution) et des cotisations « par tête » (donc proportionnellement plus élevées pour les bas revenus), le glissement total hors du système de solidarité conçu en 45 serait une deuxième fois mis en cause (après l'effacement de la solidarité entre bien portants et malades).

Pour revenir au partage des interventions entre État et acteurs privés, on a vu surgir lors de la campagne électorale de 2017 la distinction entre petits risques (pour lesquels les primes seraient à la portée de tous) et grands risques (qui relèveraient de la solidarité nationale). D'autres voies de partage ont été envisagées par certains et notamment par Frédéric Bizard dans son ouvrage de 2019.

Bien entendu, le partage ne s'arrête pas à la nature des pathologies couvertes. Pour les assureurs, la prise en charge « libre » n'a de sens qu'en direction de populations solvables – les autres relevant de l'« assistance publique » ou de systèmes de solvabilisations sous contrainte. De la même façon, la non-assurabilité de certaines

personnes pour cause de sélection médicale né-
cessitera des mécanismes de prise en charge
plus ou moins publics, voire des obligations de
non-sélection qui limiteront, de toute façon, la liberté des acteurs – cela a d'ailleurs été l'une des
dimensions de l'Obama Care aux États-Unis.

Du point de vue du système de santé, ces segmentations percutent ce que signifie « soigner »
ou, plus encore, « être en bonne santé » car elles
font l'impasse sur ce qui devient de plus en plus
une évidence : la bonne santé d'un individu n'est
pas égale à la somme des maladies qu'il a évitées ou soignées ; plus trivialement, il est difficile
de se considérer comme « en bonne santé »
quand on a une rage de dents ou quand on est
au bord du burn-out.

Plus la médecine progresse, plus elle admet, dé-
couvre – même en Occident – les interdépen-
dances entre les différentes parties du corps,
entre le physiologique et le psychique, entre l'environnement et les humains, entre le professionnel et le privé...

Les segmentations percutent également les politiques de santé publique.

Pourtant, dans un projet de 2008, l'Institut Montaigne proposait une concurrence totale entre les

acteurs privés et publics dans la prise en charge et, dans une logique « consumériste », que les financements (par les entreprises ou l'État) soient directement versés aux individus qui choisiraient de se couvrir ou non, ou les conditions de leurs couvertures (avec ou sans franchise, pour telle ou telle pathologie).

Un tel projet serait-il encore envisageable aujourd'hui ?

Enfin, on voit mal dans de telles conditions comment des politiques contraignantes de santé publique pourraient voir le jour. Pourrait-on admettre par exemple que certains refusent de se faire vacciner contre la Covid 19 en se couvrant contre les conséquences de la maladie concernée, alors que l'on sait que seule une vaccination massive permettra d'éradiquer cette épidémie ?

Dire que la posture strictement assurancielle serait une solution globale et d'avenir aux questions de santé n'est donc pas tenable.

Les tenants de « l'assuranciel » se gardent d'ailleurs de le prétendre : tout au plus, une part plus grande donnée au marché serait, selon eux, une solution de court terme pour décharger l'État d'une partie des problèmes de financement et/ou pour lui démontrer que l'efficience de sa gestion peut être challengée par l'exemple sur certains domaines.

La vision « solidaire » part à l'inverse d'une conception que nous qualifions d'« holistique » sur trois plans, du plus individuel au plus « collectif » :

- la santé d'un individu ne se découpe pas en « tranches de salami »,
- une politique sanitaire suppose, dans un bon nombre de cas, et notamment en matière de prévention, une action globale et concertée de tous les acteurs,
- la santé est un bien commun à défendre collectivement, au cœur de la survie de nos régimes démocratiques, comme on l'a vu avec la pandémie.

C'était, reformulée avec les mots d'aujourd'hui, la conception de Pierre Laroque en 45.

Dans cette vision, « guérir » n'est plus la question centrale. Éviter les maladies non plus. La question est comment donner aux citoyens les moyens de vivre avec un corps mais aussi un esprit qui fonctionnent bien – *mens sana in corpore sano* – et comment les accompagner quand, par malchance, ils ne sont plus en bonne santé.

Cependant, cette conception « holistique » – qui, au passage, est en partie celle de l'Organisation Mondiale de la Santé – ne dit pas grand-chose de l'organisation des moyens, et encore moins du financement à mobiliser au service de ses objectifs.

Aujourd'hui encore, la conception solidaire s'articule sur une solidarité élargie à l'ensemble de la population ; une solidarité à l'échelle de la Nation. Cette solidarité, si elle ne prend en charge que la réparation des problèmes, fonce dans le mur du financement. Elle doit donc commencer par traiter, en amont, les questions de santé au travers des conditions de vie, de travail et, de plus en plus urgemment, environnementales. Elle doit ensuite proposer aux individus, mais également aux acteurs (entreprises, producteurs, bailleurs…) des parcours de préventions collectives et individuelles, de dépistages, et enfin, toujours en amont, d'accès simples au système de santé.

Une fois ceci fait, la prise en charge des traitements peut et doit alors relever naturellement de la solidarité nationale obligatoire et collective puisqu'elle se pose dès lors que les questions précédentes n'ont pas été résolues ou que la malchance s'est abattue sur tel ou tel.

Cette vision a le mérite de prendre les problèmes sanitaires à la source. Mais elle est tellement globale et percute tellement de situations installées – notamment dans le rapport à la médecine libérale – qu'elle n'a aucune chance de progresser si elle en reste à ce niveau de généralités.

Il est essentiel de définir jusqu'où et dans quelles conditions cette « garantie de bonne santé » s'applique. De définir à quel niveau (local, professionnel, affinitaire, national, européen, mondial) l'identification des besoins est souhaitable et souhaitée. De définir par qui et selon quel processus le contenu de cette garantie est défini.

Comme dans la vision assurancielle, une des tentations est de découper le problème en rondelles pour, à chaque niveau (local, branches professionnelles, situations personnelles particulières…), faire émerger des priorités de santé, identifiées et travaillées avec les populations, les professionnels de santé, les financeurs…

Utopie ? Pas tout à fait si l'on se rappelle que la vaccination obligatoire a – avait – permis d'éradiquer des maladies mortelles – la rougeole, par exemple – qui frappaient de plein fouet les populations les plus défavorisées sur le plan de l'hygiène, des conditions de travail et de l'accès au dépistage précoce. Un des modes possibles de réconciliation utile des deux voies – assurancielles et solidaires – ne serait-elle pas de réunir les acteurs autour de grandes causes de santé ?

Nous disons bien « réunir » et non pas convoquer comme l'État technocrate sait trop souvent le faire. Et alors on verrait bien si les uns ou les autres sont capables d'apporter leur pierre à cette cause et jusqu'où leurs modèles économiques et leur raison d'être (comme on le formule aujourd'hui) leur permettent d'être utiles.

Pour conclure sur cette tension, il faut réaffirmer que sa résolution est tout sauf technique, mais qu'au contraire elle renvoie à deux conceptions de la société.

À ce propos, nous ne pouvons pas ne pas citer François Ewald, partisan d'un basculement vers l'assuranciel : « C'est aussi une forme de relation savoir-pouvoir articulée autour de la notion de risque, qui structure le rapport social, la relation de tous avec chacun. L'assurance comme rapport savoir-pouvoir, organise l'articulation sécurité et liberté propre à l'individualisme contemporain. » C'est une vision (que nous retrouverons largement à l'œuvre dans les scénarios qui suivent) dans laquelle la société est composée d'individus libres (isolés) qui nouent des relations exclusivement marchandes avec leur environnement, en l'occurrence par le biais du contrat d'assurance (comme le préconisait l'Institut Montaigne). À l'appui de la vision solidaire, à l'inverse, le professeur de médecine Joël Ménard affirme : « Le partage par tous des conséquences de prises de risques de certains est une composante majeure de l'homogénéité d'une société autour d'une solidarité d'ensemble qui ne se discute pas au coup par coup. »

Scénario 2 : Tensions entre une approche budgétaire et une approche par les besoins

Certains voient la protection sociale, avant tout, comme un coût budgétaire à équilibrer, d'autres comme un pilier de la démocratie bâti sur le principe : chacun contribue selon ses moyens et en bénéficie selon ses besoins.

La voie (ou même mieux : la voix) budgétaire proclame comme un dogme que l'équilibre recettes-dépenses est l'objectif majeur du système de protection sociale, pour chacune des branches.

Dans la foulée, sans autre questionnement, elle propose, puis impose – sur quels critères ? – un niveau de cotisations obligatoires « désirable ». Pour certains, le bon niveau est celui atteint aujourd'hui, pour d'autres il doit être au niveau de la moyenne de l'UE, pour d'autres encore, plus il est faible plus le système est considéré comme efficace.

Reste ensuite à adapter les remboursements à ce niveau « désirable ». Sous cette contrainte, mais sous cette contrainte seulement, les voix des professionnels de santé, des patients, des citoyens deviennent audibles.

Une fois cet enchaînement (au sens propre et figuré) installé, la discussion sur les finalités est close.

Sur le pilotage de cet équilibre, dans le système français, l'État se pose naturellement en garant : il définit qui cotise, qui rembourse et quoi.

Et il est légitime à le faire puisqu'il applique la politique définie par les représentants du peuple dans le cadre du montage constitutionnel français qui a lui-même produit un enchaînement démocratique sur le raisonnement suivant : le peuple ne peut pas décider directement (pour des tas de raisons, dont une, aujourd'hui indicible mais tellement prégnante : il n'a pas les compétences). Il élit donc des représentants qui sont « le peuple », donc la seule voix légitime. L'organisation constitutionnelle – scrutin majoritaire, Présidence élue au suffrage universel… – est construite pour que les partis ne bloquent pas la politique voulue par le peuple. L'exécutif a les mains libres et s'appuie sur une administration dirigée par des gens de haute qualité – une école existe pour les former. Mais quand les élus, les ministres, les directeurs

d'administration centrale, les patrons opération-
nels des « agences » (CNAM, ARS…) sont tous
issus du même moule, il est aisé de comprendre
pourquoi, tout en bas, la voix du patient a du mal
à porter.

De surcroît, cette « caste » est directement en
prise avec les professionnels de santé avec lesquels elle négocie ou organise l'offre de soins et
son coût.

Nous avons traité, dans l'ouvrage précédent du
Cercle Vivienne, le scénario prospectif du « tout
État » et nous n'y reviendrons pas. Ici, ce qui
nous importe, ce sont les conséquences de cette
vision budgétaire.

Un horizon annuel d'équilibre budgétaire n'est, à
l'évidence, pas le bon critère pour mesurer l'efficience d'un système de santé. Même si personne
ne conteste ce fait, la prévalence de cet horizon
pollue largement toute tentative de discussion sé-
rieuse sur la mesure de cette efficience. Dans un
autre domaine de la protection sociale, la pau-
vreté du débat de fond sur les retraites, tiré vers
le bas par la question de l'âge pivot, en est un
exemple criant.

En matière de santé, l'annualité budgétaire, court-
termiste, n'a aucun sens puisqu'une politique de

santé publique ne produit ses effets que dans la durée. Comme l'écrit Alain Supiot : « Le temps long de la prévoyance s'oppose au temps court de la spéculation. »

Pour prendre la logique comptable à son propre jeu, il ne serait pas aberrant de considérer la santé de la population comme un capital. Dans cette conception, un comptable ne pourrait qu'être d'accord avec cette proposition : une dépense qui vient augmenter ce capital ne crée pas à due concurrence une perte puisqu'elle crée une richesse qui vient au crédit du compte de résultat.

La question comptable pertinente est donc celle de la mesure de la richesse ainsi créée.

Et de fait, nous sommes là face à une difficulté majeure : se mettre d'accord sur ce que l'on doit « compter ». Sur ce qui crée de la richesse sociale : des maladies soignées ou évitées, des espérances de vie allongées, des ALD maîtrisées… ?

Décider de ce que l'on compte devient donc un enjeu démocratique majeur. Prenons un seul exemple : l'espérance de vie moyenne (au passage, notons qu'en Europe, la France, tant décriée pour ses dépenses de santé, est 2ème sur le podium). Si nous en faisons un critère central de qualification de l'efficience d'un système de santé, alors il est mathématiquement clair qu'augmenter les espérances de vie les plus courtes (13 ans d'écart entre les CSP moins et les CSP plus) est un levier essentiel.

Le problème est que dire cela percute drastiquement les politiques de santé publique actuelles.

En effet, il ne devrait plus être nécessaire de rappeler, depuis les hygiénistes (et même avant) du XIXe siècle, que les inégalités de santé les plus massives trouvent leur origine en dehors du système de soins et des prédéterminations individuelles. L'hygiène alimentaire, les maladies professionnelles, les conditions de logement, le tabac, l'alcool… expliquent largement les différences d'espérance de vie. Corrélativement, la lutte contre les inégalités de santé passe notamment par la réduction des inégalités de revenus et d'éducation.

Deux conséquences : les priorités de santé publique changent fondamentalement et leurs effets ne sont évidemment pas mesurables dans un seul exercice budgétaire.

Les « comptables » – ce terme est utilisé comme un raccourci et ne vise pas à stigmatiser une profession – nous diront – et ils auront raison – que « la mesure » n'est en réalité qu'un instrument au service des managers : à eux de l'utiliser de manière avisée. Mais ils oublient que les techniques de « bonne gestion » ne sont pas plus neutres que les indicateurs sur lesquels elles s'appuient.

À propos de l'hôpital, dans une sévère critique de la tarification à l'activité, Didier Tabuteau relève que « sa généralisation hâtive à l'ensemble des activités hospitalières et la convergence des tarifs répondaient en réalité, sous couvert d'une réforme d'apparence technique et gestionnaire, à des présupposés très largement idéologiques ». Dans la même logique selon lui, la loi HPST qui supprime la notion même de « service public hospitalier » pour définir 14 missions de service public confiées à l'hôpital, conduit à ce que « l'essentiel des missions des hôpitaux – les soins – ne relèvent plus du service public mais de la simple prestation de services ».

Évidemment, dans ce cas, on sait bien plus facilement ce que l'on doit compter puisque l'enjeu global de santé oublié, on retrouve des rondelles de salami plus faciles à calibrer.

En réalité, l'idée que la comptabilité soit neutre est assez récente. Depuis l'origine, la comptabilité évalue, enregistre, pour rendre compte à des « parties prenantes ». Les comptables savent bien qu'ils ne rendent pas compte de tout et qu'en réalité la mesure dépend de la hiérarchie de pouvoir entre ces parties prenantes.

Peut-être qu'avant de chercher « quoi mesurer ? », faudrait-il déterminer à qui rendre compte ? On peut, là encore, prendre les comptables à leur propre jeu : si la santé des gens – leur santé – est un capital – leur capital –, alors ils deviennent tous, collectivement, actionnaires des dispositifs censés la garantir. Et, à ce titre, ils détiennent un droit de vote comme n'importe quel actionnaire. Pas parce qu'ils cotisent, pas parce qu'ils se soignent, mais bien parce qu'ils représentent collectivement cette richesse qu'est la bonne santé d'une population.

Le débat sur la mesure n'est donc ni une question comptable, ni gestionnaire : c'est une question de démocratie, une question politique.

Mais mesurer suffit-il à rendre compte de la valeur de ce capital ?

En santé, on est face à cette interrogation lancinante : « soigner en moyenne » a-t-il un sens ? Notre raisonnement sur l'espérance de vie moyenne n'est-il pas réducteur ?

Écoutons une fois encore Alain Supiot :

« Au XIXe siècle se sont opposés, d'une part les médecins hygiénistes, partisans d'une " méthode numérique " consistant à normaliser les soins en se fondant sur les statistiques médicales, et, d'autre part, les défenseurs d'un art médical fondé sur l'expérience clinique et faisant une large part au colloque singulier avec le malade. »

Dans son ouvrage sur la gouvernance par les nombres, A. Supiot dénonce le glissement de la démocratie qui, sous prétexte d'équilibre budgétaire, de pilotage par les statistiques et les indicateurs chiffrés, disqualifie la voix des populations concernées au profit d'une vérité mathématique, statistique. Et même plus : au profit d'une norme chiffrée.

De la « norme » à la « normalité », le glissement est rapide et l'interrogation devient vite existentielle : suis-je dans la bonne moyenne ? À partir de quel moment suis-je « anormal » ? À partir de quel moment dois-je être pris en charge ? À partir de quel moment suis-je une charge indue ?

Ces questions sont particulièrement criantes – et ce n'est pas une découverte – pour les personnes en situation de handicap ; mais elle déborde largement ce champ, pour aujourd'hui atteindre, au travers de la problématique des risques psychosociaux, du burn-out, les questions comportementales au travail. Elle a ressurgi de manière violente avec la pandémie quand certains ont préconisé de confiner plus longtemps « les vieux ».

Cette problématique de la normalité dépasse cet ouvrage, mais nous l'évoquons pour démontrer, s'il en était besoin, que l'on ne peut pas imaginer que « les comptables », « les actuaires » ou « les statisticiens » soient conviés à y répondre pour « solde de tout compte ».

Plus globalement, A. Supiot fait observer que la gouvernance par les nombres qui induit une « substitution de la gouvernance au gouverne-ment, comme celle de la régulation à la règle-mentation, de l'éthique à la morale, ou de la norme à la règle, signifie la suppression de l'écart entre l'être et le devoir être ». « À la différence du gouvernement qui opère en surplomb des gou-vernés et subordonne la liberté individuelle au respect de certaines limites, la gouvernance part de cette liberté, qu'elle ne cherche pas à limiter mais à programmer. »

Face aux biais « cruels » du scénario comptable, peut-on parier, sans plus d'état d'âme, sur une vi-sion qui parte des besoins de chacun ?

Tout de suite, il est patent que cette voie se heurte à la détermination de ces besoins ou plus exactement à « l'impératif de satisfaction » que cette approche fait peser sur la collectivité.

Dans une version consumériste de cette conception, chaque fois que quelqu'un – ou un groupe – affirme un besoin, un droit individuel à sa satisfaction naîtrait. En gros, toutes les demandes se valent sur le plan sanitaire dès lors qu'elles répondent à MON besoin, indépendamment des besoins des autres.

Dans une version à peine plus collective, pour éviter l'écueil de la « non-effectivité » de ces droits, ceux-ci devraient être mis à disposition des intéressés dans une version spécifique à chaque situation, à chaque communauté, à chaque besoin.

Évidemment, de telles conceptions ne sont tenables ni comptablement ni socialement et elles ne font pas solidarité : faire solidarité, c'est vouloir pour les autres plus que vouloir pour soi-même.

Dans une approche par les besoins, le débat sur la conception de la solidarité – démocratique, versus philanthropique, versus caritative, etc. – devient central, nous y reviendrons dans le scénario qui suit.

Mais là encore, on voit que, comme dans la voie comptable, on ne peut concevoir un système de protection sociale en échappant au débat démocratique.

Simplement, dans l'une et l'autre approche, les questions changent de point de vue, même si ces points de vue ne peuvent pas s'ignorer.

Face à ces différents points de vue, les complémentaires – si elles veulent retrouver une légitimité autre que gestionnaires par délégation de l'État – ont-elles d'autres solutions que de se positionner clairement et délibérément ? Du côté de la demande solvable et consumériste d'une part – les lois de l'offre et de la demande absorbant une partie des tensions entre ces points de vue – ou d'autre part en posant clairement des priorités dans la satisfaction des besoins, financés solidairement ?

Qu'elles soient dans un camp ou dans l'autre, ont-elles d'autres solutions que de démontrer qu'elles sont plus proches des besoins réels des populations qu'elles « servent » qu'une administration centralisée et ainsi mieux à même de gérer leur accès réel aux soins ?

Ont-elles d'autres solutions que de démontrer, par la pratique, qu'elles sont capables de développer des services, des parcours d'accès à la santé, utiles (par opposition à « bien marketés ») et utilisables ?

Ont-elles d'autres solutions que de contribuer – d'une manière ou d'une autre – à l'efficience du système de prise en charge des soins ?

Tout au long de l'Histoire, ces tensions ont travaillé les acteurs : Axa et sa prétention, abandonnée aujourd'hui, à gérer le risque santé au premier euro, et, deux siècles plus tôt, les sociétés de secours mutuel qui organisaient des solidarités « locales » autour des prises en charge.

Aujourd'hui, aucune famille de complémentaires ne prend plus ouvertement la responsabilité d'apporter une réponse globale. L'État et les professionnels de santé sont seuls face à face. Les citoyens, les assurés, les patients sont exclus de ce face à face. Si cette situation perdure, là encore, à notre sens, d'autres occuperont l'espace, sans pour autant avoir à revendiquer le rôle de payeur aveugle derrière la CNAM et à se soumettre à des règlementations stérilisantes.

Si la logique comptable place tous les acteurs (État inclus) sous la pression du résultat financier, la logique « besoins » pose la question cruciale de leur utilité « sanitaire ».

Scénario 3 : Tensions entre solidarité démocratique universelle et solidarités réparatrices individuelles

Dans le premier cas, les acteurs prennent en compte des droits collectifs à la protection, dans l'autre cas, ils compensent des inégalités.

Dans la conception de Pierre Laroque, la solidarité était au cœur de l'organisation du système démocratique. Cette solidarité ne souffrait donc pas de questionnements puisque, sans elle, le système n'avait plus de sens. Elle était universelle : tous, quels que soient leurs statuts, y avaient accès dès lors qu'ils remplissaient leurs devoirs vis-à-vis de la Nation. Fondé sur la contribution de chacun par son travail, ce devoir présupposait que tous soient en situation d'accéder à un emploi.

Cette universalité n'a jamais vu le jour et dans les années 80, le chômage de masse et le ralentissement durable de la croissance sont venus percuter cette vision avant même que les comptables entrent en jeu.

Cependant, même si la montée des coûts et la diminution des recettes ont mis la question de l'équilibre budgétaire sur le devant de la scène, les comptables ne se sont pas, pour autant, montrés insensibles à la misère du monde. Simplement – si l'on peut dire – pour y voir clair, ils ont proposé de manière récurrente – et encore aujourd'hui avec le système de retraite par points – de distinguer les situations qui ouvrent des droits collectifs dits contributifs (je cotise donc j'ai droit) de celles qui ouvrent des droits individuels financés par la solidarité nationale ou professionnelle, évalués au cas par cas.

Ainsi, la solidarité n'est plus au cœur du système : elle est organisée pour compenser des pertes de chances...

Poussé à l'extrême, ce scénario devrait avoir pour effet de remettre « dans le marché » tous ceux qui peuvent payer, laissant à l'État la charge des autres.

Mais ce serait passer un peu vite par pertes et profits le coup de sabre donné dans le contrat social de 45 fondé sur « l'universalité », entendue comme bénéficiant à l'ensemble de la population dans les mêmes conditions d'accès et de prise en charge, et « la solidarité » entendue selon la formule : chacun contribue selon ses moyens et reçoit selon ses besoins.

Dans une conception non solidaire, le malade démuni devient un « assisté ». Sa prise en charge devient stigmatisante, excluante – ce que précisément la démocratie sociale voulait éviter – à la fois parce qu'elle le désigne par ses « moins » et mais aussi parce que, par un glissement « naturel », les cotisants solidaires bien portants pourraient revendiquer un droit de regard sur les niveaux de prise en charge ; ce que bien entendu, on leur refuserait au nom des grands principes républicains, tout en admettant à voix basse que ce serait légitime.

Il serait tellement plus simple, en effet, que les « riches » décident, puisqu'ils payent – pour Laroque, c'était le travail qui ouvrait droit à la solidarité. L'on reviendrait alors à des formes de solidarités organisées (décidées) par un mécène, une organisation caritative, voire l'État. Ceux qui sont en difficulté sont pris en charge « en tant que tels » (malades, accidentés, invalides…) et non pas du fait de leur statut (citoyens, travailleurs). Cette tentation revoit le jour et la glorification des mécènes modernes (Bill Gates et autres Musk…) en est le témoin. Et tiens ! Justement, ce sont ceux qui ont créé ces fameux « potentiels entrants » disruptifs dont nous avons évoqué l'existence dans les deux scénarios précédents.

Ce n'est pas d'aujourd'hui que le système originel ne suffit plus à donner accès aux soins des plus démunis. L'instauration de mécanismes collectifs redistributifs (CMU, ACS et aujourd'hui CSS) ont apporté des réponses qui étaient dans la vocation du système de protection sociale.

Mais on est allé plus loin, trop loin. Didier Tabuteau pointe une dérive qui « confie aux profession-nels de santé le pouvoir d'attribuer l'" avantage social " ». Pour lui : « L'institution de quotas d'actes à tarif opposable dans les conventions est l'option la plus pernicieuse… Le contrat d'accès aux soins de 2012 ne déroge pas à cette logique, chaque praticien devant s'engager à accroître la part de son activité réalisée aux tarifs de la Sé-curité sociale... Rien n'est plus contraire à la phi-losophie de l'assurance maladie que de faire dépendre l'acte médical de l'appréciation portée par le praticien sur la situation sociale du patient. » « La Sécurité sociale a été bâtie pour ouvrir des droits objectifs et sortir de la logique caritative qui avait depuis le XIXe siècle inspiré les pratiques ta-rifaires comme les politiques sociales. »

« Le patient ne doit jamais être en situation de quémander un tarif de faveur. Le principe de so-lidarité ne peut être impunément dissocié de l'im-pératif de respect de la dignité. »

Qui pourrait contester cela ? Au nom de quels principes ? Et pourtant…

Affronter cette tension est essentiel pour la survie de nos systèmes démocratiques car elle percute toutes les branches de la Sécurité sociale, et bien au-delà, l'ensemble des « biens communs » républicains : éducation, formation, transports, logements…

Les acteurs de marché, comme on l'a dit plus haut, y sont eux aussi confrontés directement. Quand les complémentaires définissent le contenu (et notamment les exclusions) des garanties ou quand elles mettent en jeu des mécanismes de solidarité compensatrices via leur action sociale, leurs fondations et/ou leur mécénat, elles sont « en plein dedans ». Le financement d'actions relevant d'un « degré élevé de solidarité » imposé dans le cadre des appels d'offres de recommandation des branches professionnelles, est une tentative de concilier les deux dimensions : solidarité collective (au sein d'une branche) et réparatrice (ciblée sur des situations particulières mal « couvertes » par le contrat groupe).

Scénario 4 : Tensions entre les tenants et les opposants de la responsabilité sociale des acteurs de marché

Dans ce scénario, la question est posée de savoir si les entreprises – en tant que telles – ont, ou non, une responsabilité dans la santé : de leurs salariés d'abord, de leurs partenaires (clients, fournisseurs…) et de leur environnement ensuite.

Un grand acteur paritaire avait regroupé ses offres collectives sous l'enseigne : « L'entreprise, territoire de santé », actant ainsi de manière presque provocatrice que ses entreprises clientes devaient s'emparer de la question de la santé de leurs salariés.

Pour les néo-libéraux inspirés par Milton Friedman, la relation de l'entreprise à ses salariés, mais aussi à ses fournisseurs et à son environnement se limite à la sphère économique et se matérialise dans un contrat strictement limité aux échanges « marchands ». L'entreprise loue la force de travail de ses salariés, paie les prestations de ses fournisseurs, s'acquitte de ses impôts en appliquant les lois, celles-ci devant être les moins contraignantes possibles… Sa responsabilité sociale éminente et unique est de verser des dividendes à ses actionnaires.

La conception néolibérale refuse de concevoir les hommes comme inscrits dans leur milieu social ou naturel et préfère les penser comme une collection de sujets autonomes entourés d'objets qu'ils achètent ou vendent, leur propre capacité de travail en faisant partie. La propriété individuelle est donc l'Alpha et l'Omega du rapport du sujet à son environnement. Dans cette logique, le patient achète au système de soins des services destinés à la préservation (et demain l'augmentation selon les transhumanistes) de son capital santé. Il ne faut donc pas s'étonner de la montée des attitudes consuméristes de patients qui cherchent à « tirer parti » du système, puisque ce serait sa logique même.

Le sujet étant capable de s'objectiver lui-même, pour orienter la politique de santé, il suffirait de lui proposer les bons stimuli (généralement exprimés en termes monétaires), par exemple en matière de prévention. Évidemment, dans une telle vision, les ressources des acteurs ne sont pas mobilisées pour « être en bonne santé » mais pour répondre à ces stimuli : ils ne sont donc pas sujets mais objets d'une politique de santé. Et parfois ça marche (comme pour le tabac) et parfois cela ne marche pas (comme pour la prévention de l'obésité). Mais à la fin des fins, le marché ayant raison, après tout pourquoi s'acharner si les « gens ne veulent pas » « gérer » leur santé.

Aujourd'hui, sous la pression environnementaliste notamment, les entreprises ne peuvent plus se contenter de répondre aux demandes des consommateurs. Elles sont pressées de prendre leur part des maux de la planète. En matière de santé, cette responsabilité s'élargit dans de multiples directions : santé physique mais aussi mentale, mais aussi bien-être. Elle dépasse également la seule santé des salariés pour s'étendre à celle des sous-traitants, voire des fournisseurs et, évidemment, des consommateurs. Et, enfin, la mesure des impacts des activités des entreprises sur l'environnement comme déterminant de santé est central.

La RSE, l'ISR, l'ISO 26000 et, tout récemment en France, le nouveau statut d'entreprise à missions vont dans le sens de l'accumulation de ces référentiels de vertu, contrôlés par des organismes « indépendants ».

Où est la limite ?

Nul doute que si cette pression a pour effet de multiplier les réglementions tatillonnes, voire contradictoires et parfois absurdes, en réaction, une vision scientiste néo-libérale refleurira. Cette vision pourrait aisément s'articuler ainsi : dès lors qu'il y a un marché de la vertu, il y a une solution. Dès lors qu'il y a une demande solvable, la solution est économiquement viable. Les entreprises vertueuses seront donc celles qui sauront identifier ces demandes solvables et y répondre. CQFD.

Pour les sujets hors marché, la politique et l'État en feront leur affaire, en se gardant de perturber les modèles économiques des « vrais » acteurs de marché, les seuls qui comptent.

Si les entreprises sont placées de plus en plus devant leurs responsabilités « sociétales », le citoyen n'est pas quitte pour autant : consommateur, il est sommé de rajouter le critère de vertu dans sa décision d'achat faute de quoi il ne remplit pas son devoir de solidarité vis-à-vis de la société et il justifie, par sa négligence, la survie d'entreprises dangereuses qui auraient tort de changer de pratiques puisqu'elles rencontrent une clientèle.

Dans ce retour vers la responsabilité des individus, en matière de santé, la prévention comportementale, la dénonciation lancinante des errances médicales, l'idée que la surconsommation inutile – donc irresponsable – est la cause des déficits refleurit régulièrement. Contre toute logique économique, quand on sait que l'hôpital (pour ce qui est de l'offre de soins), les ALD ou maladies à traitements lourds (pour ce qui est de la « demande ») mobilisent la majeure partie des ressources. Comme si entrer à l'hôpital ou subir une chimiothérapie était un choix de consommation.

Pour revenir aux entreprises, si l'entreprise est un « Territoire de Santé », alors il serait logique qu'elle aille au-delà du simple paiement des cotisations de base et complémentaires, en retravaillant les conditions de travail, la qualité des produits, l'impact environnemental.

L'évolution extrême de cette thèse ferait de l'entreprise le territoire exclusif de mise en œuvre du système de protection sociale (les non-salariés ou les fonctionnaires étant traités « à part »), ce qui pourrait faire écho à une forme de paternalisme industriel, rappelant celui pratiqué à la fin XIXe. Les néolibéraux pourraient s'en réjouir : si l'entreprise est responsable de tout, alors la solution est de privatiser, à son profit, la solidarité.

Les acteurs de la protection sociale complémentaire sont bien entendu confrontés à cette question en tant qu'entreprises, mais également en tant que concepteurs potentiels d'outils, de services destinés à leurs grands clients en collectif et/ou à leurs assurés/adhérents individuels qui attendent d'eux plus que le remboursement derrière la Sécurité sociale, singulièrement en termes de prévention, mais aussi d'assistance en cas de problèmes lourds.

Quoi qu'il en soit, à ce jour, l'articulation entre les différents cercles de solidarité pour l'accès à la santé reste largement à (re)concevoir.

Scénario 5 : Tensions entre tenants et adversaires du concept de démocratie sociale

Les questions dans ce scénario tournent autour de cette opposition : le champ de la démocratie doit-il se limiter à la définition de règles communes et au suivi de leur application ? Ou bien, la démocratie sociale (l'organisation de la Sécurité sociale) est-elle inséparable de la démocratie politique ?

L'État doit-il se contenter de définir des règles du jeu et laisser les acteurs libres de résoudre les questions de santé ou a-t-il une responsabilité régalienne dans cette résolution comme c'est le cas pour la justice, la police… ?

Selon la conception de 45, l'universalité des mécanismes d'accès à la santé contribue à solidariser les citoyens quelle que soit leur condition. Leur organisation ne peut donc pas dépendre du bon vouloir de quelques-uns, fussent-ils professionnels de santé. Cette organisation doit être débattue et décidée par la République par l'intermédiaire de ses représentants et gérée – en quelque sorte par délégation – par les représentants des bénéficiaires (patients) et des financeurs (partenaires sociaux, citoyens).

À l'opposé, une conception « libérale » considère qu'au-delà de la fixation de principes généraux par la représentation démocratique et de la surveillance de leur respect par l'État, les acteurs « privés » sont bien mieux à même de régler les problèmes que les fonctionnaires et leurs agences.

Nous avons largement évoqué au fil des scénarios précédents les enjeux qui opposent ces deux conceptions. Plus globalement, sur le « désencastrement » des enjeux sociaux du champ de la démocratie politique pour les basculer dans le marché et l'économique, on écoutera avec profit les podcasts des leçons d'Alain Supiot au Collège de France, disponibles sur le site de France Culture.

Il nous démontre comment ce qui peut apparaître comme une logique d'efficacité est en réalité porteuse d'une vision limitative de la démocratie qui exclut le social de son champ d'intervention. Et il montre également que cette idée est somme toute extrêmement récente (quelques décennies) dans l'histoire de la démocratie.

Une deuxième série de questions « démocratiques » porte sur l'association ou non des citoyens et/ou des usagers du système de santé dans la conception des solutions.

Dans une approche « descendante » – très largement à l'œuvre aujourd'hui –, des sachants (fonctionnaires, professionnels de santé…) définissent ce qui est bien « pour les gens », charge à eux de s'emparer des solutions qu'on leur fournit toutes prêtes. Pour l'approche « remontante », partir des besoins et coconstruire (comme l'on dit aujourd'hui) les réponses avec les principaux concernés, au plus près des territoires (géographiques, professionnels, culturels…) est la seule solution pour éradiquer les inégalités d'accès à la santé.

Si l'on considère que l'implication des citoyens est à la fois le but et le moyen d'une politique de santé efficace, la réponse aux deux séries de questions est la même : la démocratie est à la fois le but et le moyen qui facilitera l'accès à la santé.

Mais pour cela, comme en 45, l'éducation populaire à la santé et son pendant, les savoirs populaires, deviennent des leviers à réactiver qui sont aujourd'hui quasi absents des politiques de santé, en dépit des proclamations récurrentes qui affirment remettre le « patient au centre ».

Vu des complémentaires santé, au cœur de cette tension, on trouve la tendance à la création de très grands groupes assuranciels, mutualistes, partitaires qui, par construction, s'éloignent des populations et des engagements de terrain qui les ont portés dans le passé. Dans les environnements centralisés, les techniques à la mode (design-thinking…) et les affirmations managériales (le client au centre) n'ont pas fait la démonstration de leur opérationnalité au-delà du traitement des réclamations et du transfert d'actes de gestion administratives aux clients.

Si l'on se tourne vers le secteur bancaire, dominé depuis très longtemps par de très grands groupes qui ont méthodiquement centralisé les fonctions support, puis tous les processus hors la vente – et encore –, l'argument était : décharger les responsables de clientèle et les agences de ces tâches va permettre de dégager du temps pour mieux s'occuper des clients. Nous, clients, avons-nous constaté cette amélioration ? Nous avons plutôt constaté un éloignement, une perte de contacts, une réduction du nombre (pas encore achevée) et surtout de la taille des agences. Pour une raison simple : les comptables ne s'arrêtent jamais de compter les coûts et, si une volonté farouche des autres décisionnaires ne s'exprime pas, alors la logique budgétaire l'emporte toujours.

Mais une autre logique est à l'œuvre dans la centralisation des activités bancaires : on regroupe des sachants sur des sujets techniques dans des centres d'expertises, dépossédant ainsi celui qui est en relation directe avec le client de tout pouvoir de décision. En matière de santé, comme le note Didier Tabuteau : « L'expertise est en effet exposée aux risques de la technocratie. À trop vouloir rationnaliser l'approche des problèmes humains, elle peut perdre le contact avec les inquiétudes et représentations du risque des populations. Le décalage entre le niveau du risque " acceptable " par les experts et par la collectivité peut conduire à des remises en cause brutales. D'où l'impérieuse nécessité de soumettre les processus d'expertise à la transparence et au débat contradictoire. »

Il s'agit là d'un enjeu majeur, notamment pour les groupes paritaires et mutualistes, dont les différenciations historiques sont devenues totalement invisibles des populations. La légitimité d'un maintien de ces formes historiques tient à l'organisation de leur gouvernance, censée représenter les adhérents, assurés… confortée par cette idée de Pierre Laroque qu'il faut confier la gestion des dispositifs de prise en charge aux représentants pour éviter la tentation technocratique. Dès lors que les néo-managers imposent leurs visions, sans faire du dialogue et de l'écoute des populations l'objectif premier de ces institutions, elles sont en grand danger de disparition parce qu'elles auront manqué à leur vocation. Dans la relation autour de la santé – que ce soit pour les financeurs ou les offreurs de soins –, face à la détresse et à la souffrance d'êtres humains, une situation de non-disponibilité, de non-écoute par manque de temps ou de moyens n'est pas admissible.

Pour revenir au secteur bancaire, il n'apparaît pas évident que la constitution de très grands groupes mutualistes ou coopératifs ait réglé la question de l'accès au système bancaire pour les populations les plus en difficulté, pour le financement des micro-entreprises, des auto-entrepreneurs, des associations…

La question démocratique est donc vitale pour les acteurs se réclamant de l'Économie Sociale et Solidaire.

En résumé

De ces scénarios, s'il n'y avait qu'un enseignement à tirer, ce serait celui-là : garantir la santé est une question éminemment politique, une question de démocratie sociale. Celle-ci se pose au plus près des besoins, au plus près des citoyens. Elle ne peut, ne doit pas, relever exclusivement des formes de la démocratie représentative pour, comme le disait Pierre Laroque, éviter la confiscation par une technostructure aussi éclairée soit-elle. Dans ces scénarios, nous avons également montré qu'il n'est pas simple de passer la solidarité collective par pertes et profits.

Ces constatations rejoignent celles de l'Observatoire des perspectives utopiques qui a récemment proposé trois « utopies » à un échantillon de répondants.

L'utopie « sécuritaire » passe (pour simplifier à l'extrême) par le retour aux protections du monde ancien et recueille un bon tiers des « suffrages ». L'utopie techno-libérale est, elle, massivement rejetée au profit de l'utopie écologique (qui dans le sondage dépasse la seule défense de l'environnement) dans laquelle « les répondants se montrent en effet prompts à associer le mot " partage " à leur conception d'un monde idéal, à souhaiter que " la solidarité entre les hommes " et l'" égalité " – dont ils disent cruellement manquer à l'heure actuelle – se voient au contraire encouragées et développées ».

Et enfin, s'il était nécessaire d'enfoncer le clou sur la dimension sociale (et donc politique) des questions posées par l'accès à la santé, et pour appuyer cette conviction sur la réalité de la pandémie, citons brièvement Frédéric Bisson dans un article pour la revue en ligne AOC. La

Covid 19 emporte avec elle… « une socialisation de la maladie objective et des procédures médicales. En même temps qu'elle devient insensible au patient, la maladie se redéfinit aussi par ses effets sur autrui et sur la société. Il faut défendre la société. L'invisibilité (sur les porteurs sains) de la maladie justifie des interventions techniques globales de la part du pouvoir social, fondées sur l'expertise médicale. Dans un régime ordinaire, le sujet malade est supposé sain jusqu'à ce qu'il déclare des signes sensibles de maladie ; au contraire, le sujet coronisé est supposé malade jusqu'à ce qu'on puisse faire la preuve de son immunité. »

Le débat entre « assurance » et « sécurité sociale » a donc de beaux jours devant lui.

CONCLUSION

Tous ces points de vue méritent discussion : chacun des contributeurs sera ravi de l'engager avec celles et ceux qui le souhaiteront.

Le Cercle Vivienne se fera un plaisir de les organiser.

N'hésitez pas à prendre contact avec nous : 06 14 63 51 35

Annexe 1

Annexe 2

Discours prononcé le 23 mars 1945 à l'École nationale d'organisation économique et sociale, à l'occasion de l'inauguration de la section assurances sociales

Par Pierre Laroque

Monsieur le Ministre,

Mesdames, Messieurs,

L'enseignement des assurances sociales dont cette école vient de prendre l'heureuse initiative répond à une nécessité trop longtemps méconnue. Sans doute, les assurances sociales ne correspondent-elles pas à une science, ni même à une technique particulière, mais elles mettent en œuvre de nombreuses techniques très différentes, procédant de disciplines diverses : techniques administratives et juridiques, techniques financières, techniques comptables, techniques médicales, techniques sociales que personne ne peut prétendre posséder dans leur totalité. Ces techniques multiples doivent être orientées, adaptées à un but commun. Ce but, dont je voudrais vous entretenir ce soir, parce qu'il commande l'orientation même de l'enseignement qui est donné ici, ce but, c'est la sécurité sociale.

Qu'est-ce donc que la sécurité sociale ? Je crois qu'on peut la définir ainsi : la garantie donnée à chacun qu'il disposera en toutes circonstances d'un revenu suffisant pour assurer à lui-même et à sa famille une existence décente, ou à tout le moins un minimum vital.

La sécurité sociale répond ainsi à la préoccupation fondamentale de débarrasser les travailleurs de la hantise du lendemain, de cette hantise du lendemain qui crée chez eux un constant complexe d'infériorité, qui arrête leurs possibilités d'expansion et qui crée la distinction injustifiable des classes entre les possédants, qui sont sûrs d'eux-mêmes et de leur avenir, et les non-possédants, constamment sous la menace de la misère.

Si donc cette garantie, pour être vraiment complète, doit viser toutes les familles, il n'en est pas moins vrai que la sécurité sociale est avant tout la sécurité des travailleurs, la sécurité des familles qui tirent leurs revenus du travail d'un ou de plusieurs de leurs membres.

La sécurité sociale prise dans son sens le plus large doit donc d'abord fournir à tous les hommes et à toutes les femmes en état de travailler un emploi rémunérateur. Elle commande l'élimination du chômage. Vous savez qu'aujourd'hui, dans tous les pays du monde, des plans s'élaborent en vue d'assurer pour l'avenir le plein emploi, le « *full employment* » des Anglais et des Américains, plans qui comportent des programmes économiques, une réorganisation de l'économie, en vue de faire disparaître dans l'avenir les fluctuations, les crises qui ont créé tant de chômage et tant de misère dans le passé. Mais, sous l'angle du chômage, la sécurité sociale exige aussi une politique de la main-d'œuvre, une politique d'ensemble, d'orientation professionnelle, de formation, de placement, une organisation des mouvements de main-d'œuvre nationaux et internationaux. C'est là un premier aspect, mais un aspect essentiel de la sécurité sociale.

Il faut ensuite que l'emploi dont disposera chaque travailleur lui fournisse des ressources suffisantes, et ici se pose le problème du salaire. Vous savez que la détermination du taux du salaire est commandée par toutes sortes de facteurs, tant économiques que sociaux. Sous l'angle de la sécurité sociale, le salaire doit être déterminé en fonction des besoins, il doit assurer à chacun, à chaque travailleur les moyens de faire vivre dans des conditions décentes toute sa famille. Et c'est pourquoi, au taux du salaire, se rattache très directement le problème des allocations familiales, qui est, lui aussi, un des aspects du problème de la sécurité sociale.

Mais cet emploi rémunérateur que le travailleur a obtenu, il faut qu'il le conserve, il faut lui fournir les moyens de le garder, ou tout au moins de conserver un emploi identique tant qu'il a besoin de ses ressources pour vivre. Et c'est ainsi qu'au problème de la sécurité sociale est étroitement lié le problème, sur le plan de l'entreprise, des garanties données aux travailleurs contre l'arbitraire patronal. C'est là un problème qui s'est trouvé posé dans tous les pays, qui jusqu'à présent nulle part n'a reçu une solution satisfaisante. C'est le problème de la conciliation entre l'autorité nécessaire du chef d'entreprise dans son établissement et les garanties à donner aux travailleurs contre les abus possibles du patron. C'est le problème du contrôle des embauches et des congédiements. Il est difficile à résoudre, mais il devra être résolu car, sans garanties contre l'arbitraire, l'on ne donnera pas aux travailleurs le sentiment de sécurité qui est une des conditions indispensables du progrès social.

Et puis, pour conserver aux travailleurs un emploi rémunérateur, il faut aussi leur conserver leur capacité de travail, et c'est par là que le problème de la sécurité sociale se relie au problème de l'organisation médicale. Il faut faire l'effort nécessaire pour conserver, dans toute la mesure du possible, à chaque travailleur sa pleine intégrité physique et intellectuelle, et c'est ce qui explique

que Sir William Beveridge, en soumettant au Gouvernement britannique un plan de réforme des assurances sociales qui doit constituer dans l'Angleterre de demain la base d'un plan d'ensemble de la sécurité sociale, affirmait la nécessité de créer en même temps, d'une part, une organisation destinée à assurer le plein emploi et, d'autre part, un service national de santé qui soigne gratuitement toutes les familles britanniques et les protège contre la maladie. Car le problème de l'organisation médicale n'est pas seulement un problème de soins, c'est aussi et peut-être surtout un problème de prévention de la maladie et de l'invalidité. Prévention de la maladie et de l'invalidité sur le plan général, mais aussi sur le plan professionnel, comportant une politique systématique d'hygiène et de sécurité du travail, car ce n'est là au fond qu'un aspect de la protection de l'intégrité physique des travailleurs. Et même, si l'on veut élargir le débat, l'on peut dire que toute la législation protectrice des travailleurs, dans la mesure où elle vise à organiser le travail dans de meilleures conditions matérielles et intellectuelles, dans la mesure où elle vise à donner à l'existence des travailleurs plus de bien-être, contribue à cet effort de sécurité sociale.

Mais, quels que soient les efforts accomplis à ces différents points de vue, l'on ne saurait espérer garantir à tous les travailleurs la permanence absolue d'une activité rémunératrice. La politique de la main-d'œuvre la plus évoluée ne parviendra jamais à supprimer totalement le chômage, pas plus qu'une politique médicale parfaite ne parviendra à supprimer la maladie. Il y aura toujours des interruptions de travail, il y aura toujours des moments où un travailleur sera privé de son gain. Il peut y avoir d'ailleurs à ces interruptions des causes heureuses, comme la maternité, ou des causes fatales, comme la vieillesse ou le décès du soutien d'une famille. Quelle que soit la cause de l'interruption du travail, la sécurité sociale suppose qu'il est paré aux conséquences de cette interruption par l'attribution d'un revenu subsidiaire adapté aux besoins du travailleur et de sa famille pendant toute la période difficile qu'il traverse. C'est là le dernier aspect, mais non le moindre, de la réalisation de la sécurité sociale.

Voilà le problème de la sécurité sociale posé dans toute son ampleur, sous tous ses aspects. C'est seulement à l'époque récente que le problème s'est trouvé défini avec une telle étendue, mais ce n'est que l'aboutissement d'une longue évolution. Depuis le début du XIXe siècle, tous les pays se sont efforcés de résoudre à tout le moins certains aspects de ce problème en fonction de leur orientation propre, en fonction des conditions économiques et psychologiques de chacun.

Prenons l'exemple de la France qui nous est le plus familier. La première forme d'essai de solution partielle du problème de la sécurité sociale a reposé chez nous sur la prévoyance libre, et c'est là une des caractéristiques essentielles du système français. Il y a quelques jours, à l'occasion d'une conférence que devait faire un directeur du ministère du Travail à des officiers britanniques et américains sur le système français de la sécurité sociale, nous nous sommes tous efforcés de chercher une traduction en anglais du mot « prévoyance », nous ne l'avons pas trouvée. Le mot « prévoyance » est un mot français. La prévoyance est née en France, elle est une des caractéristiques fondamentales de l'économie et de la psychologie françaises ; c'est ce qui explique que c'est sous cette forme d'abord que le problème de la sécurité sociale a été abordé chez nous.

Il a été résolu d'abord par des placements volontaires, spontanés de nos paysans, de nos artisans, de nos petits commerçants. Il a été résolu par les caisses d'épargne, institution dont vous savez l'ampleur qu'elle a prise en France et l'importance qu'elle joue dans la vie sociale, mais aussi dans la vie financière du pays.

Le problème de la sécurité sociale a aussi et surtout été résolu dès le début du XIXe siècle par la mutualité, par les sociétés de secours mutuel, plus tard par les caisses autonomes qui ont couvert une masse considérable de travailleurs, et surtout de travailleurs indépendants, si nombreux en France, contre les risques de la maladie et de la vieillesse.

C'est seulement plus tard que le Gouvernement a eu le souci d'intervenir, par la voie de l'assistance. C'est une deuxième phase dans l'histoire française de la sécurité sociale, car, si les premiers essais d'organisation de l'assistance se sont trouvés réalisés pour les aliénés en 1838, pour la maladie en 1851, c'est seulement au cours des dernières années du XIXe siècle et durant les premières années du XXe que l'on a mis sur pied un système complet d'assistance obligatoire ouvrant des droits aux individus et aux familles privés de ressources.

Et c'est à la même époque qu'au nom d'un troisième principe, qu'en fonction d'une troisième idée, a été organisé le système de réparation des accidents du travail, fondé lui, non plus ni sur l'idée de prévoyance libre ni sur l'idée d'assistance, mais sur l'idée d'une responsabilité des employeurs à l'égard des risques professionnels des entreprises.

À ces trois systèmes s'est superposé à l'époque récente un dernier système qui a très vite pris une place prépondérante dans l'organisation française de la sécurité sociale, c'est le système de la prévoyance obligatoire, de l'assurance obligatoire contre les risques sociaux, le système des assurances sociales. Réalisé d'abord pour des professions particulières, les fonctionnaires pour la retraite, les marins du commerce, les ouvriers mineurs, les cheminots, il s'est étendu en 1910 à l'ensemble des travailleurs salariés avec les retraites ouvrières et paysannes, dont vous savez l'échec ; il a surtout pris la forme que nous connaissons aujourd'hui des assurances sociales depuis quinze ans. C'est maintenant la base, la base essentielle de notre système de sécurité sociale.

Et c'est cette même idée d'assurance obligatoire qui, sous une forme différente, est appliquée aux allocations familiales mises en place depuis 1932 et qui forment aujourd'hui également un élément essentiel de cette sécurité.

Vous voyez ainsi qu'il existe à l'heure actuelle en France un ensemble complexe de législations et d'institutions juxtaposées qui couvrent les principaux aspects du problème de la sécurité sociale, qui couvrent les principaux cas où des travailleurs peuvent se trouver privés d'un revenu rémunérateur.

Mais c'est seulement sous l'angle financier que le problème a été traité complètement. L'organisation médicale n'a pas évolué parallèlement à cette organisation sociale. L'organisation de la main-d'œuvre elle-même n'a pas été parachevée, tout au moins autant qu'il l'aurait fallu, pour compléter le système, et surtout ces différentes institutions, ces différentes législations sont restées isolées, sans lien, sans coordination.

Si donc les efforts accomplis jusqu'à présent demeurent insuffisamment efficaces, c'est surtout parce qu'ils sont fragmentaires et dispersés. Aujourd'hui, il s'agit moins de régler des questions nouvelles, on peut dire que toutes les questions ont été abordées, mais il faut prendre le problème de la sécurité sociale comme un tout, comme un ensemble, et s'efforcer de lui apporter des solutions coordonnées. Il faut s'efforcer de substituer à une série de mesures partielles un plan général complet. C'est cela le problème de demain.

L'organisation à réaliser doit être générale. En effet, prenons les différents risques, les différentes législations dont nous avons parlé : que voyons-nous ? Une série de situations tout à fait analogues, une série de cas où les travailleurs, pour des causes différentes, se trouvent privés de leurs moyens d'existence ; c'est le chômage, c'est la maladie, c'est l'accident du travail. Eh bien ! Les prestations qu'on leur donne sont différentes, sans aucune raison valable puisque les besoins sont les mêmes. Et d'autre part, entre les différents systèmes, il y a des lacunes, il y a des failles. Le problème actuel est de réaliser une organisation qui reprenne l'ensemble de ces régimes dans le cadre d'un système général, et ce système général ne peut être qu'un système de prévoyance obligatoire.

Sans doute, le régime à édifier ne sera-t-il pas nécessairement le même pour tous. L'on conçoit parfaitement que ces régimes puissent être adaptés aux conditions propres de certaines activités, que l'agriculture, que les marins du commerce, que les ouvriers mineurs aient des statuts adaptés, mais il faut que, pour chacun, il y ait un système d'ensemble et que tous ces systèmes soient coordonnés en un régime général.

Mais, général, ce régime doit l'être aussi quant aux bénéficiaires de la sécurité sociale, car, si l'on exclut les allocations familiales qui bénéficient aux travailleurs indépendants, l'on peut dire que l'ensemble de notre système actuel profite à peu près exclusivement aux travailleurs salariés. Or, il ne faut pas oublier que la France est par excellence un pays d'artisans, de petits commerçants, d'exploitants agricoles, et, dans un tel pays, un système de sécurité sociale qui ne s'appliquerait pas à ces catégories de travailleurs demeurerait nécessairement un système imparfait et inadapté.

Il faudra donc nécessairement étendre, généraliser. La sécurité sociale pour être totale doit s'appliquer à toutes les catégories de la population.

Il y a d'ailleurs à cela une autre raison : c'est que la sécurité sociale, pour être efficace, doit reposer sur une solidarité nationale. Tout le monde doit participer à ses charges dans la mesure de ses moyens. Or, un système de sécurité sociale qui n'embrasse que les travailleurs salariés établit bien une solidarité entre tous les travailleurs, et dans une certaine mesure entre leurs employeurs, mais laisse en dehors des catégories très importantes de la population. Sans doute peut-on dire que la solidarité de ces catégories peut résulter de l'intervention de l'État qui, par la voie fiscale, prélèvera sur ces privilégiés l'impôt, les ressources nécessaires pour aider le système de sécurité sociale. Mais ce n'est pas à vous que j'apprendrai qu'en France, à l'heure actuelle, exception faite pour les travailleurs agricoles, l'État n'apporte aucune contribution au système des assurances sociales. C'est donc dire que cette solidarité nationale qui est la base nécessaire de la sécurité sociale n'est pas aujourd'hui réalisée, et si on veut la réaliser, il faut – il est d'ailleurs légitime et équitable de le faire – étendre le système de sécurité sociale à toute la population.

En résumé, depuis un siècle et demi, la France a édifié les éléments essentiels d'un programme de sécurité sociale. L'heure est venue aujourd'hui de rassembler tous ces éléments en un système d'ensemble substituant à une protection dispersée contre des risques divers une véritable sécurité sociale pour tous.

Il ne faut pas se dissimuler cependant que la réalisation d'un tel système présente deux dangers.

Le premier est le risque de détruire chez les individus tout esprit d'initiative et d'entreprise. La sécurité risque de conduire à l'embourgeoisement des travailleurs ; elle risque de développer chez les travailleurs la tendance à un optimisme égoïste, à courtes vues la tendance à se laisser vivre. C'est là un danger redoutable et dans lequel il ne faut pas tomber. Il est certain que la sécurité peut endormir le travailleur dans la satisfaction d'une médiocrité permanente. Mais la sécurité peut aussi, si elle est organisée d'une manière satisfaisante, en débarrassant le travailleur du souci du lendemain, lui permettre de développer pleinement sa personnalité, lui permettre de s'affirmer, de se dépasser soi-même, de s'élever intellectuellement et socialement. Il faut que notre système de sécurité sociale soit organisé en vue d'atteindre ce résultat. Il appartient à ceux qui auront la charge de diriger la politique sociale du pays d'orienter l'application du système français de la sécurité sociale, non pas dans le sens de la paresse et de la stagnation, mais dans le sens de la vigueur et de la jeunesse.

Le deuxième danger n'est plus un danger individuel, mais un danger collectif. Il existe aujourd'hui, dans le cadre du système présent de la sécurité sociale française, des organismes nombreux, complexes sans doute, mais qui ont, ou tout au moins dont la plupart ont une vitalité certaine en raison de leurs dimensions restreintes. Si on leur substitue une vaste organisation s'étendant à toute la population et à tous les risques, il y a un danger certain de voir s'édifier une administration énorme, au personnel bureaucratique et paperassier. Dès aujourd'hui, vous le savez, les assurés sociaux ne prêtent pas à leurs caisses l'intérêt qu'il faudrait. Que serait-ce si, au lieu de ces caisses, nous avions de vastes administrations rébarbatives, de ces monstres bureaucratiques entre lesquels se débattent les citoyens de tous les pays civilisés ?

Ce danger, ici encore, doit être évité. L'organisation française de la sécurité sociale devra être conçue de manière à éviter ce risque de bureaucratie. Elle devra être faite d'institutions vivantes, se renouvelant par une création continue, par l'effort des intéressés eux-mêmes chargés par leurs représentants d'en assurer directement la gestion.

D'ailleurs, aucune organisation de la sécurité sociale n'est viable si elle ne répond pas aux traditions nationales, si elle ne répond pas aux conditions psychologiques et économiques du pays. Or, la tradition française dans le domaine de la sécurité sociale n'est pas une tradition d'étatisme bureaucratique ; c'est une tradition d'entraide volontaire, c'est la tradition d'un effort désintéressé et généreux d'assistance mutuelle, c'est la tradition de la mutualité, c'est la tradition du syndicalisme, c'est la tradition du vieux socialisme français, du socialisme de Fourier, de Louis Blanc, de Proudhon, c'est cette tradition qui a son nom inscrit dans notre devise nationale, c'est la tradition de la fraternité.

Il incombera aux responsables de l'organisation de la sécurité sociale de faire l'éducation des travailleurs pour les inciter à prendre réellement une part active à la gestion de leurs institutions. Il leur appartiendra aussi d'animer ces institutions par cet esprit de générosité, cet esprit de désintéressement sans lequel aucun effort social ne peut être vraiment efficace.

Ces considérations vous apparaissent peut-être comme l'introduction à un enseignement de la sécurité sociale plus qu'à un enseignement des assurances sociales. Mais ce sont les assurances sociales, ce sont nos assurances sociales qui seront nécessairement le cadre de ce plan de sécurité sociale que la France se doit de réaliser dans les mois qui vont venir.

Et je m'adresse ici aux élèves de cette école, à ceux qui sont en train de suivre les cours d'assurances sociales de cette école. C'est vous qui aurez demain l'honneur et la charge de mettre en application ce plan de sécurité sociale que nous allons établir. Il faut que vous soyez les animateurs de ce plan ; il faut que, derrière les techniques souvent arides qui vous sont enseignées, vous ayez toujours en vue ce but, ce but de sécurité sociale qui donne sa raison d'être à votre enseignement et qui donnera demain sa raison d'être à votre activité.

M. Lutfalla vous disait tout à l'heure que, dans le domaine social, il ne suffit pas d'être un technicien, il faut être un apôtre. Rien n'est plus profondément vrai. La technique, l'organisation ne peuvent être pleinement efficaces que si elles sont animées par une foi profonde, une foi ardente, par cette foi qui a soulevé les fondateurs de la mutualité et du syndicalisme, par la foi dans le progrès social, par la foi de tous ces héros obscurs qui ont fait plus peut-être pour le progrès social et pour le progrès de l'humanité que bien des généraux dont le nom est inscrit en lettres éclatantes dans l'histoire, par cette foi des Tolain, des

Varlin, des Pelloutier, des mutualistes et des syndicalistes, par cette foi qui a été et restera à la base de toutes nos révolutions : car c'est une révolution qu'il faut faire et c'est une révolution que nous ferons.

TABLE DES MATIÈRES